闽台区域研究丛刊（第十五辑）

古建装饰与中华传统文化研究

福建师范大学闽台区域研究中心　编
本辑执行主编　李湖江　陈建芳

海洋出版社

2020年·北京

内容简介

本书主要以中国传统古建装饰艺术为研究对象，综合运用建筑学、艺术学、社会学、历史学、宗教学、民俗学、人类学、文献学的研究方法，通过文献爬梳、实地调查、深入访谈等研究手段，考察两岸古建装饰的重要作品、主要工艺技法、装饰特色及文化内涵。探讨中国传统古建装饰的题材、内容、分类，并对古建装饰技艺的运用、传承与创新进行深入挖掘，对其中的民族文化认同做出剖析和总结，揭示并阐明台湾古建装饰艺术所承载特有的中华文化内涵。此外，本书对于两岸族谱家规、文学作品、文化产业的发展状况亦给予关注与研究。本书系 2018 年度国家社科基金重大专项项目“台湾古建装饰艺术的抢救、保护与传承研究”（项目编号：2018VJX061）阶段性成果。

图书在版编目（CIP）数据

闽台区域研究丛刊. 第十五辑，古建装饰与中华传统文化研究/福建师范大学闽台区域研究中心编；李湖江，陈建芳主编. —北京：海洋出版社，2020. 12
ISBN 978-7-5210-0726-8

Ⅰ. ①闽…　Ⅱ. ①福…　②李…　③陈…　Ⅲ. ①福建-地方史-丛刊②台湾-地方史-丛刊③古建筑-建筑装饰-关系-中华文化-研究-福建④古建筑-建筑装饰-关系-中华文化-研究-台湾　Ⅳ. ①K295-55

中国版本图书馆 CIP 数据核字（2021）第 007844 号

责任编辑：张　荣
责任印制：安　森
海洋出版社　出版发行
http://www.oceanpress.com.cn
北京市海淀区大慧寺路 8 号　邮编：100081
廊坊一二〇六印刷厂印刷　新华书店北京发行所经销
2020 年 12 月第 1 版　2020 年 12 月第 1 次印刷
开本：787 mm×1092 mm　1/16　印张：6.75
字数：160 千字　定价：48.00 元
发行部：62100090　邮购部：62100072　总编室：62100034

目　　次

上编　古建装饰艺术研究

下编　中国文学与传统文化

上编　古建装饰艺术研究

传承工艺，难忘师恩：一访王庆台*

李湖江

王庆台教授，山东汶上人，1950年生，曾任台湾艺术学院（台湾艺术大学前身）雕塑系主任、教务长、代理校长；美国密苏里州Webster（威伯斯特）大学艺术研究所硕士毕业。研究方向为传统工艺史、传统建筑装饰史、器物雕刻史、现代雕塑史。

2018年7月27日泉州调研期间，王庆台教授在接受访谈时提出以下几点：金门的建筑装饰形式与厦门一样保存了清末所有的装饰形式；石雕（木雕）是民间文化承传的一个载体，具有教化的功能；中国传统雕刻技巧不比西洋差，雕刻图案表达的题材跟生活、民俗、文化上谐音相结合；学习中国传统建筑装饰工艺要有文史基础、绘画的基础和雕刻的技巧；中国传统雕刻技巧理论的精髓是宋代《营造法式》里的15个字。

采访人：李湖江（福建师范大学闽台区域研究中心副研究员）
受访人：王庆台（原台湾艺术大学雕塑系主任、教授）

李湖江（以下简称李）：据了解，您一直在研究南系建筑装饰工艺，重点是放在宫庙建筑吗？为什么特别重视石雕呢？

王庆台（以下简称王）：其实不分宗教，我只是从建筑着手，建筑绝对有装饰，只是说庙宇会比较多。比如，台湾北部的关渡宫①，它供奉的是妈祖，沿着小山头马路旁边，用石块雕刻妈祖的诞生、成仙、成道、显圣等图案，一公里长，一块一块刻成石碑，全部都是新刻的。大陆与台湾都有石雕，我之所以只推石雕的部分，原因是石雕是大陆的主流，台湾的石雕技巧是从大陆传过去的。

福建往西走，过了闽南往西走就进入潮汕，往潮汕走是梅县，梅县到福建中间大埔，这个地方专门出彩绘。从潮汕往西走就到了佛山，佛山出交趾，可是佛山的交趾现在跟台湾的交趾一点关系都没有，因为技巧全变了，中间没有可以挂钩的东西存在。如果说有挂钩的东西，目前还剩下在台南的三山国王庙，它是潮汕来的剪黏。台湾传统的石雕、木雕、交趾跟剪黏等工艺形式仍然保存的，一个在台南的三山国王庙、客家的庙，还有一个在金门的聚落，金门以前跟厦门是属于同安区管，金门所有的装饰都跟厦门一模一样，保存了

* 基金项目：2018年度国家社科基金重大专项项目“台湾古建装饰艺术的抢救、保护与传承研究”（项目编号：2018VJX061）阶段性成果。

① 北投关渡宫与鹿港“天后宫”、北港“朝天宫”并称为台湾三大妈祖庙。

当初在清朝末年所有的装饰形式，而装饰形式对于民间来讲，买现成的东西来装的交趾陶最方便、最便宜，所以有关交趾的制作，金门基本保存了一百多年前的同安县（今同安区）县制的金厦一体的原始模样。

木雕《单衣顺母》：闵子骞的孝行故事
（福建泰宁县博物馆，李湖江　摄，2017-12-21）

我们早就发现石雕是民间文化承传的一个载体，它有教化的功能，你看雕刻的二十四孝就是在讲孝顺，雕刻关公像是在讲义气，在中国历史文化里面，传到现在始终没有中断的是《三国演义》，它对中国文化的影响很深，《三国演义》就是古代社会教育规范的一个标准，这些内容在石雕常常见到。因为谈的是忠孝节义，做人做事的根本，里面有吉祥寓意，这些都属于人民生活上共同的期望。其实吉祥语和装饰结合全部在庙里都已经呈现了，在民间日常生活中也有体现，要不然你窗户上贴个窗花、挂个喜字干吗？还有福字倒挂，福气到了，这个就是谐音嘛！人心都是一样的，都想过得好。

木雕《三国演义·失空斩》
（福建泰宁县博物馆，李湖江　摄，2017-12-21）

李：您怎么看待文化与宗教交流？

王：我觉得文化是一种认同，如果不认同这个文化就不会往这里面走，宗教也是一个认同，若不认同这个宗教干吗跟你做交流？所以其实我们文化在民间走的时候，它是属于大众的。而艺术表现属于个人，所以有些东西会走向艺术化，艺术化的东西是因为它可以卖得高价钱。人家看东西看身价，身价高就说明这个艺术家很了不起啊！可是如果说你是做工艺的，好像只不过就是糊口的小把式，可是真正深入到民间、可以传递忠孝节义思想观念的反而是工艺，为什么？因为它不是卖钱的东西，它是一个历史的叙述。

李：您的学术理论重点在哪些方面？

王：第一是解释中国传统技巧的特色。我们一直不认为中国传统的技巧比西洋技巧要好，这是错误的。从人体构造上来讲，我们眼睛看到的东西跟西方人没有差别。立体表达和绘画表达的差别在于，立体的表达基本上是靠光影，而绘画表达是靠颜色。所以当你把颜色拿掉以后，你用立体表达就是雕刻。只要是文化，透过艺术的表现就是平面和立体，平面就是绘画，立体就是雕刻。雕刻技巧东西方都一样，只不过说东方处理雕刻技巧所处理的是我们自己的图案，跟西方所处理的画面不一样。图案是经过整理，而画面完全是写实的。中国的东西它是经过整理造出来的一个形象，所以叫造型。西方没有经过整理，怎么看就怎么画，这个叫写实，这是差别。第二就是雕刻技巧怎么在图案上表达。研究中国图案的画面构图。第三就是图案不同题材的分类。研究题材跟人们的生活、民俗、文化上谐音的结合。这三个方面是我学术基础的基本架构所在。

八十耄耋：谐音猫和蝴蝶，图中有蝴蝶

（福建邵武和平古镇，李湖江　摄，2017-12-23）

祈求吉庆

（旗球戟磬的谐音，福建泉州开元寺，李湖江　摄）

李：您最早是怎么样走上中国传统建筑装饰工艺研究的道路？

王：其实要学习中国传统建筑装饰工艺要有三个条件：第一要有文史基础；第二要有绘画的基础；第三要有雕刻的技巧。这三样缺一不可。我当初对文史有兴趣，可是，因为考试被分到艺术类学校。因为我原来的兴趣全部在中国历史跟中国文学，所以就一直靠自修打下基础。讲到艺术史，只有书画史却没有工艺史，为什么？没有人做记录。要有历史的眼光才能看到历史的轮廓，做研究的时候才不会跳出轮廓之外，可是轮廓就是一个道路，没有资料，轮廓里的东西要靠自己去找。

木雕《李白醉写番表》

（福建泰宁明清园，畅音台左上角，李湖江　摄，2017-12-22）

我为什么全心全意去学雕刻技巧，学到连师傅都没有像我一样，每天拿刀，40 年以后筋腱粘连，这就是职业伤害啊！我后来只好开刀把这些筋腱全部切开。我的技巧是达到了老师傅的水准，到不了那个程度我看不懂那些东西。当我在学那些技巧的时候，我们一定有理论，理论就记载在宋代《营造法式》里面，可是它只有 15 个字，“石作雕镌制度有四等，一曰剔地起突、二曰压地隐起华、三曰减地平钑、四曰素平”，那我这一辈子就是解释这 15 个字（剔地起突、压地隐起华、减地平钑、素平），所以我第一本书写的中国传统雕刻技巧理论，写了 15 万字，就是针对这 15 个字写的。

你有历史观，你手上有技巧，你有对文化很敏锐的感受，你才有办法理解文学跟历史，历史是一个生硬的轮廓，文学是里面怎么去看文化的特色，比如说吉祥物题材、谐音题材哪边来的？另一方面你本身除了雕还要会画，不会画就没办法刻，所以我把雕跟画之间的关系也重新定位了。因此我才会告诉你说，雕刻稿跟国画稿的差别在于，雕刻稿一定是主题放大的，它不是写实的，而是造出来的一个图案。所以中国的国画跟西方比的话，中国国画才是抽象的，西方的绘画才是写实的。工艺雕刻稿是中国艺术上的一个新领域，说到工艺雕刻稿与传统书画稿与的差别，我就讲这三个条件，第一主题放大，为什么？它这么小的格子，这么小的一块，看不清楚主题在哪里啊，所以工艺稿把主题给你放大。第二，原来的国画里面不是有画不满的地方吗？可是如果我们刻不满就好像缺一块，所以就把它补满。这样的话画面就发生变化，就不是国画了。第三，工艺稿将草本的东西变成木本，这就不是国画的格局了。

李：您的专著《四点金》是以口诀的形式写成的，这种写法有什么讲究吗？

王：四点金是南系古建装饰题材分类的方法，包括花鸟、人物、走兽、集瑞。“四点金”就三个字，那本书如果按照我的写法，把它解开大概是 25 万字，因为我只有写七言绝句，还没有写白话。我的写法就是，一句 7 个字，它的文稿解释是 140 个字。所以解开阐释以后它的稿量是原稿的 20 倍①。这种写作方法我是从唐宋诗词里面领会的，比如杜甫写的《旅夜书怀》：“细草微风岸，危樯独夜舟。星垂平野阔，月涌大江流。名岂文章著，官应老病休。飘飘何所似，天地一沙鸥。”它这就是 8 个图片嘛！我写东西，只要把口诀写完了，每一句下面要接什么画面我清楚，所以我的文章不会乱，原因在这里。要不然几百万字的稿你怎么会有序地写完？体系上我是很清楚的，比如说我写构图五样：“构图总由平地起，湖石总在两边依。花鸟凤凰扮主角，也有麒麟来相戏。”全部是四句，用韵。这一句完了，下一句就要出现什么，这是一定的嘛，这个叫图像记忆法。我写作的方法是用七言绝句，但它属于图像记忆法。文字描述的一个现象，它就会跑出一个画面来。这个画面下一个应该接什么，画面是一定的，它不会乱接吧！所以我只要七言绝句写完了，我认为稿子已经写好了，只是还没把它改成白话文而已。就像我画稿画完了，就认为雕刻已经完成了。

① 采用七言绝句的口诀进行写作的范例，请参看王庆台：《传统书画稿与工艺雕刻稿的差异》，《西北美术》2014 年第 4 期。

王庆台教授专著《四点金》封面

李：哪些老师对您学术方面的影响比较大？

王：我的第一位老师李梅树，他是东京艺专西画系的。他回来以后受地方耆老的重托，要把三峡祖师庙恢复起来。① 他有很虔诚的宗教信仰，除了上课以外，全身心地在这个庙里面奉献。因为都喜欢传统，所以我跟老师有接触，老师跟我的私交很好，我经常到老师的家里去。透过他，也让我真正认识到西洋的印象画派，我对西洋的绘画和西洋的雕刻都很熟，原因就在于这。第二位老师是那志良老师。在学生时代，我就一直认为自己必须懂古代的上古文明史，那志良老师到我们系来上古器物学的课。我说上古史跟古器物好像不是一回事啊，结果一听，发现器物史反而是上古史的大部分。引导我进入上古史古器物学的是那志良那老师。第三位老师就是我当学生的时候教我传统木雕的黄龟理老师，他是一位匠人，因为他的引导我才有办法深入到建筑的门径间，因为所有东西都是靠我自己练自己读，那我才有办法找到途径。从这个老师这边我学会了养眼，把眼界拉高。那我就全省各地去找老庙宇，把这些老庙宇的资料全部找到以后，才有办法做出分类。那东西太多啦，几十万件，你必须要做分类。老师就给我三个字，说泉州有这个分类方法叫“四点金”，可是没有人知道“四点金”是什么意思。我全部把它解剖这样写出来。第四个老师是刚过世的施翠峰老师。他是我们学校工艺系系主任，他的专长是研究台湾原住民的艺术，但是对台湾的工艺有兴趣，我们成了忘年之交，这个老师一直鼓励我在工艺方面投入，他对工艺的认同给我很大的启示。

① 据汤皇珍《三峡·写实·李梅树》（雄狮图书股份有限公司，2009 年，第 66 页）介绍，台湾光复以后，李梅树担任三峡祖师庙重建的主持人，他以自己储蓄的一千块钱（那时是一笔大钱）标下一批日本人修建神社的巨大圆石柱子，用来修建三峡祖师庙；并找到全省最好的师傅陈应彬及其徒弟、儿孙作建筑装饰的设计。除此以外，李梅树还亲自操刀参与设计，如今我们可以在三峡祖师庙的墙上看到他设计的浮雕。

文化同源，连接两岸：二访王庆台*

李湖江

时间：2019 年 1 月 19 日
地点：台中林氏宗祠
采访人：李湖江（福建师范大学闽台区域研究中心副研究员）
受访人：王庆台（原台湾艺术大学雕塑系主任、教授）

李湖江（以下简称李）：王老师您好！您是台湾古建装饰艺术这方面的专家，我们很想对您有更深层次的了解。首先，我们对您个人的求学经历、拜师学艺的这种艺术生涯很感兴趣，您可不可以就这个问题给大家做个介绍？

王庆台（以下简称王）：我是 1950 年出生在台湾，落在这个时空点上，一定会受到环境的影响。整个文化格局，还有文化移民带来的展现，在台湾的很多生活空间里面，可以看到存在的事实。我出生的地点是在台湾中部的一个县市，它不靠海，算是非常台湾化的一个城镇，我记得在小学念书时，56 个学生就有两个外省的小孩。同样的，在日据时期会

* 基金项目：2018 年度国家社科基金重大专项项目“台湾古建装饰艺术的抢救、保护与传承研究”（项目编号：2018VJX061）阶段性成果。

到日本念书的就两种人：一种是医生，另一种是艺术家，因为这两种不涉及政治。但是慢慢地，政治氛围在各地浓起来以后，我们就感受到那种被排斥的现象。

当初我本来是以历史和中国文学作为自己的研究方向，只是考试的时候，阴差阳错地进了当时的艺专。我的老师李梅树教授，是日据时代东京求学学习西画的。因为他在日本留学时，看到黄土水在日本的杰出成就，就认定黄土水在台湾早期的工艺训练，会让他在走进西洋印象派时，会有两个文化表现融合上的特殊做法。李梅树老师回到台湾，从文化大学到我们学校担任美术系系主任，我是雕塑组的学生。

李梅树《三峡春晓》

（台北大学海山学文物展览馆，李湖江　摄，2019-01-16）

李梅树老师把当时在三峡祖师庙协助他们做木雕的黄龟理先生，请到我们学校里面来，专门教我们传统的木雕。那个时候没有系统的教学方法，还是师徒传授的方式，老师把这个方式也间接地引到学校教学，我就是在那个时候认识了黄龟理老师。艺专是三年制专科学校，当我到了艺专念书，在第二年的时候，拿到了台湾雕塑大展首奖，毕业的那一年，拿到了教授级的中山文艺奖。这个所谓的少年得志，不见得是坏事，但是也不见得绝对是好事。在那个对外省人不友善的这种环境里面，当初服完兵役以后我就回到学校任教，在那里就下了一个决心，不想冲突。那时候的环境和氛围都希望能走上现代艺术，虽然我也希望走现代艺术方向，为了避免冲突，我就回头走，他们走现代，我走古代。因为前面有李梅树老师铺下的路，有黄龟理老师带着往前走。

黄龟理老师也无法给我更深的指导，他只能告诉我说，他是学建筑的装饰。我那时就开始从香港搜集到梁思成的《中国古建图书集成》，慢慢地我就把中国历代的专著从《营造法式》到《清代工程则例算例》，相关的就大概这么几本都看完了，当初也不能解其惑。就像梁思成当年在美国，梁启超寄给他《营造法式》，他也看不懂，那是同样的情境啦！我在台湾全身心地投入田调的时候，就把有疑惑的东西全部记下来，回去再从建筑结构去推敲。套用胡适讲的那句话，做学问要在不疑处有疑啊！虽然我是走传统，但不是传统的领域出身，

黄龟理木雕作品

（台北大学海山学文物展览馆，李湖江　摄，2019-01-16）

所以不会受到传统的束缚，角度比较宽广，入涉的角度就不一样，解释的角度也不一样。加上我是在台湾成长，会讲台湾话也就是泉州话。我在家里面讲的是中原的、山东鲁西的老土话。所以河南、山东的话我会讲，台湾话我也会讲，在这个研究上对我来讲是没有语言障碍的。但是从语言上看专有名词的时候，我慢慢地发现了问题，因为有些东西明明是北字，但是写的是南音，读法是南音，那么音和义不能配合，我觉得必须要深入研究。

黄龟理作品统计

内容	出处	位置	规格	时间
三姑计摆黄河阵	《封神演义》	台中林氏宗祠山川殿前步口小平员光	39 cm×115 cm×12 cm	1920 年
杨戬哪吒收七怪	《封神演义》	台中林氏宗祠山川殿前步口大平员光	39 cm×115 cm×12 cm	1920 年
文天祥绝命诗		桃园景福宫神案桌正面上方桌裙板四片堵面之一		1925 年
周瑜假意责黄盖	《三国演义》	桃园景福宫神案桌正面上方桌裙板四片堵面之一		1925 年
黄香搧蓆	《三字经》	桃园景福宫神案桌正面上方桌裙板四片堵面之一		1925 年
水淹金山寺	《白蛇传》	桃园景福宫神案桌正面下堵人物		1925 年
螭虎炉配望云思亲	二十四孝	中和福和宫		1926 年
女娲宫进香	《封神演义》	中和福和宫正殿员光	39 cm×152 cm×12 cm	1926 年
赵子龙单骑救主	《三国演义》	中和福和宫山川殿前步口大平员光	36 cm×112 cm×15 cm	1926 年
螭虎炉配孔明进表	《三国演义》	中和福和宫		1926 年
关云长义释黄忠	《三国演义》	三重五谷王庙（先啬宫）		1927 年

续表

内容	出处	位置	规格	时间
张山李锦伐西岐	《封神演义》	三重五谷王庙（先啬宫）正殿员光	36 cm×152 cm×12 cm	1927 年
古城会	《三国演义》	屏东万惠宫山川殿步口小平壁栋	30 cm×121 cm×15 cm	1928 年
马超战许褚	《三国演义》	屏东万惠宫山川殿步口小平员光	36 cm×97 cm×15 cm	1928 年
刘备取汉中	《三国演义》	东港朝隆宫山川殿前步口大平员光	39 cm×155 cm×18 cm	1929 年
骂王朗	《三国演义》	东港朝隆宫山川殿前步口小平员光	39 cm×155 cm×18 cm	1929 年
顺风耳	《西游记》	东港朝隆宫正殿妈祖右边	182 cm×61 cm×61 cm	1929 年
千里眼	《西游记》	东港朝隆宫正殿妈祖左边	182 cm×61 cm×61 cm	1929 年
暴纣十罪	《封神演义》	泰山岩祖师庙正殿拜亭大平员光	36 cm×136 cm×12 cm	1933 年
华容道	《三国演义》	泰山岩祖师庙正殿拜亭小平员光	36 cm×121 cm×12 cm	1933 年
空城计	《三国演义》	艋舺黄氏宗祠山川殿前步口小平员光	36 cm×91 cm×12 cm	1934 年
螭虎炉配孟母教子之一	《列女传》	艋舺黄氏宗祠山川殿秀面	182 cm×121 cm	1934 年
螭虎炉配孟母教子之二	《列女传》	艋舺黄氏宗祠山川殿秀面	182 cm×121 cm	1934 年
大四季：牡丹、荷花、菊花、茶花		艋舺黄氏宗祠山川殿秀面		1934 年
黄忠救魏延	《三国演义》	金瓜石劝济堂山川殿员光	36 cm×96 cm×10 cm	1935 年
马超战许褚	《三国演义》	金瓜石劝济堂山川殿员光	36 cm×96 cm×10 cm	1935 年
岳母刺字	《说岳全传》	金瓜石劝济堂山川殿员光	33 cm×64 cm	1935 年
吕布濮阳破曹操	《三国演义》	金瓜石劝济堂正殿员光	35 cm×118 cm×10 cm	1935 年
暴纣十罪	《封神演义》	金瓜石劝济堂正殿员光	35 cm×118 cm×10 cm	1935 年
鳌鱼		金瓜石劝济堂雀替	55 cm×97 cm×10 cm	1935 年
甘露寺招亲及龙柱	《三国演义》	金瓜石劝济堂神龛落地花罩左侧身堵	99.5 cm×46 cm	1935 年
公明辅佐闻太师	《封神演义》	淡水祖师庙山川殿员光	36 cm×121 cm×12 cm	1937 年
子牙逢吕岳	《封神演义》	淡水祖师庙山川殿员光	36 cm×121 cm×12 cm	1937 年
狮座配陈奇	《封神演义》	淡水祖师庙		1937 年
狮座配郑伦	《封神演义》	淡水祖师庙		1937 年
六郎神领七怪收百蟒精		淡水祖师庙		1937 年
甘露寺	《三国演义》	淡水祖师庙		1937 年
比箭定亲	《再生缘》	艋舺青山宫		1938 年
审郭槐（狸猫换太子）	《七侠五义》	基隆和平岛天后宫山川殿员光	30 cm×136 cm×12 cm	1946 年
闻太师伐西岐	《封神演义》	基隆和平岛天后宫山川殿员光	36 cm×121 cm×12 cm	1946 年
周瑜欲害孔明	《三国演义》	基隆城隍庙正殿左前方位置		1946 年
孙权赔了夫人又折兵	《三国演义》	基隆城隍庙正殿右前方位置		1946 年
闻太师伐西岐	《封神演义》	新竹竹莲寺		1946 年
子牙逢吕岳	《封神演义》	新竹竹莲寺		1946 年
铁笼山	《三国演义》	新竹竹莲寺		1946 年

续表

内容	出处	位置	规格	时间
马超战许褚	《三国演义》	新竹竹莲寺		1946年
闻太师伐西岐	《封神演义》	艋舺龙山寺正殿拜亭小平员光		1953年
刘备取汉中	《三国演义》	艋舺龙山寺正殿拜亭大平员光		1953年
张飞大闹长坂桥	《三国演义》	台北关渡宫山川殿员光	36 cm×115 cm×9 cm	1954年
狄青与黄天化比武	《封神演义》	台北关渡宫		1954年
比箭定亲	《再生缘》	台北关渡宫山川殿员光	36 cm×115 cm×9 cm	1954年
五路邓芝做说客	《三国演义》	三峡祖师庙山川殿壁栋	30 cm×121 cm×9 cm	1956年
吕布濮阳破曹操	《三国演义》	三峡祖师庙山川殿员光	36 cm×121 cm×12 cm	1956年
马超战许褚	《三国演义》	三峡祖师庙		1956年
包公审狄青	《五虎平西演义》	三峡祖师庙山川殿壁栋	30 cm×121 cm×9 cm	1956年
左慈掷杯戏曹操	《三国演义》	三峡祖师庙		1956年
闻太师伐西岐	《封神演义》	三峡祖师庙山川殿员光	36 cm×121 cm×12 cm	1956年
孔明安居平五路	《三国演义》	三峡祖师庙		1956年
祢衡击鼓骂曹	《三国演义》	三峡祖师庙		1956年
国贼行凶杀贵妃	《三国演义》	三峡祖师庙		1956年
三顾茅庐	《三国演义》	三峡祖师庙		1956年
黄魏争功	《三国演义》	三峡祖师庙		1956年
伯渝泣杖	《说苑·建本》	黄龟理纪念馆藏	40 cm×24 cm×19 cm	1984年
财、子、寿		黄龟理纪念馆藏	153 cm×77 cm×47 cm	1987年
孟母教子	《列女传》	黄龟理纪念馆藏	36 cm×63 cm×24 cm	1988年
许褚裸衣斗马超	《三国演义》	黄龟理纪念馆藏	43 cm×114 cm×33 cm	1988年
徐母打曹	《三国演义》	黄龟理纪念馆藏	34 cm×86 cm×44 cm	1990年
张文远约三事	《三国演义》	黄龟理纪念馆藏	50 cm×37 cm×28 cm	1990年
刘海收蟾蜍		黄龟理纪念馆藏	62 cm×36 cm×27 cm	1990年
关圣帝君		黄龟理纪念馆藏	60 cm×44 cm×27 cm	1991年
暴纣十罪	《封神演义》	黄龟理纪念馆藏	44 cm×144 cm×33 cm	1991年
画龙点睛	《历代名画记》		63 cm×30 cm×18 cm	1992年
岳母刺字	《说岳全传》	黄龟理纪念馆藏	53 cm×37 cm×29 cm	1992年
黄帝升天			60 cm×26 cm×18 cm	

资料来源：林保尧著《木雕宗师黄龟理》，台湾美术馆，2012年。

要研究传统古建筑第一要有专攻的技巧。你没有一把好技艺，就没有办法进入到这个领域。原因是什么？匠师不识字，只有在作品里面去表达他的感受，一般人看不懂那些很细节的东西，所以我就先全心全意投入到技艺的学习。我前面已经做了很多田调的资料，所以当我找到图案相同的稿子，不同的题材，至少我在做的过程里面就会有一个比较，这个就是说，你从技带艺，这是最开始的一个源头。第二就是把资料题材做个汇总。就回到当时泉州匠师讲的一句话“四点金”。我们就把题材的问题、典故的问题、把这个雕刻问题解决了。但是还有一个问题没解决，构图的问题。中国人讲工艺为艺术之母，后来我在画的过程中有个体会：一个好的工艺稿绝对是来自一个好的画稿，但是一个好的画稿，不一定有条件能成为工艺稿。它解开了我这个疑惑，所以后来我为什么写老稿的问题、构图的问题，就把这个问题做了相当的整理，花了将近五十多年的时间，把这个资料弄成了。现在正在写中国南系工艺的全集，第一本先谈中国雕刻技巧，这一千多年来跟一千多年前发展的形势；第二本就是写书画稿在工艺稿里面怎么构图的这个部分；第三个就专门谈题材和典故的问题；第四个就是谈螭龙；第五个才是谈石雕、木雕、交趾、剪黏、彩绘；还有工艺史全套，这样一套十本。

宋代之后传统工艺君子不齿，也就是一般人不应与为，但是它能够保存下来是因为传统建筑的存在。可是传统建筑在如今这个时空里，必然会走入历史，原因是都市化以后土地价格的高涨。同样土地的面积，我们传统建筑只能住三五户人家，十几二十几口人，但是这个面积如果盖成大楼，可以容纳大概七八百人、上千人。而且在都市里面，寸土寸金，这是一笔财富，大陆跟台湾一样。在这个情况之下，如果中国传统的历史把建筑的这个特性收回，也就是说建筑在我们这个世代里面走回到历史的空间不再出现，这是一个宿命。那现在我们亟要抢救的是让文化转成另外一种形式延续，也就是把它学术化，把它记录化。包括现在新的文创部分，它可以从文化的母体出发，得到一些营养滋润，也就是我们怎么去解释这些东西。传统的工艺，单项的雕竹也好、雕漆也好、雕玉也好，景泰蓝也好，掐丝也好，这都是单项的操作。可是综合文化的特征，从典故、图稿、技艺、材料在建筑上装饰，只有建筑装饰是整个的体系大宗。为什么没有人去发掘，因为视而不见，每次看就看见一个老建筑，老建筑上有东西就不看了。这些东西它有不同材料，有木头的、有砖的、有石头的、有泥塑的、有烧交趾的、有彩绘的，这些东西是个综合性的体系，它有跟典故结合，跟文化结合，跟忠孝节义结合，跟不同民族的感觉结合，所以客家有客家的表现方法，中原有中原的表现方法，移民有移民的表现方法。到了南方，有音的差异带来的误差的问题。举个例子，就是河图洛书。河图是指黄河中浮出龙马负图，就是八卦图，献给伏羲；洛书是指洛河中浮出神龟，千岁龟负易经和易书献给大禹。“洛”字在福建读起来音跟梅花鹿的“鹿”同音，所以后来在台湾的装饰上发现，洛书是梅花鹿在背，这就是音的差误了。目前，在整理这些东西，除了稿子和典故之外，可能就是不同区域的音所造成的专业名词的差别。这个要专门去整理，等于说我们要回溯啦。总的来讲，不能让这个东西在这个时代成为绝学，若是它从建筑消失、从根子消失，那是这一代的责任。

李：建筑装饰在题材方面有涉及很多传统文化的典故，就是文史知识，那您在这一方面是怎么样去学习的？

王：我在念大学的时候，本来是准备要念文史，就是中文跟历史，因为我老家是书香世家，父亲坚持要有一个小孩念中文系啦！父亲认为我可能在中文上比较有潜能，所以从小就受到训练。我记得在初中一年级时，父亲就丢了一本《古文观止》，然后早上出去背，背完回来现场考，考完以后才开始吃早饭。那时候我对古文非常的痛恨，可是在那时打下的根基，日后发现帮助很大。记得背中国历代年谱表，以前觉得背得很痛苦，后来背得很顺以后，就朗朗上口，当你去查考一个资料的时候，那这些东西就很清楚，然后大事表看完以后，大概就能做一些查考，当然每个时代细节的部分，你要去读经史，那就是靠自己自修啦！然后最重要的就是二十六史典故，这本目前我正在编典故题材。这些题材懂了以后，最重要的是传统工艺，它有一些巧作、谐音，就说公鸡尾大，变成公鸡的尾巴很大；比如说我们讲功名高举，就是一只公鸡，昂着头，它没有声音，形态是在鸣叫，后面一个菊花突出来；如果说公鸡上面的鸡冠，后面改成鸡冠花，就变成官上加官了，谐音在工艺里面的转作，是一个非常重要的机制，如果说你典故不熟，你画稿不会，谐音不懂，那稿子的变化就不大，这个就是文化很深入跟生活作结合很密实的部分，只有在建筑的工艺艺术里面凸显这个东西。我一直认为建筑装饰工艺是工艺之母，原因就是它的材料多、方法多、图稿多、典故多，文化承传最深，而且它与时俱进，从宋朝以后，一直流传到南方的福建，然后到了台湾，移民过来，这个体系不能断，这个体系断的话，中国工艺的文化命脉就断了。

李：那么在技艺、技巧方面，您是怎么认识的？

王：关于技巧，其实我在第一本书写中国传统技巧的时候，就先把中国文字上的疑惑先解开，比如"三地"说，《营造方式》第三卷的石作制度谈到中国传统技艺里面，第一个剔地起凸，第二个压地隐起华，第三个减地平钑，第四个素平。素平就是说石材上平平的，平滑的，没有做任何的处理，那除了这个之外，三个雕刻方法，它的共同交集点就是一个"地"，"地"就是素平的"平"，地平，所以中国人讲说，做事要留有余地，意思就是说你不要操之过切，所以剔地就是把地往下挖，把他剔掉，压地就是图案在平面上贴附的，减地就是图案从平面上往下刻。其实讲穿的话，如果说你不会剔地，你绝对做不出减地，因为它是同样的东西，压地是图案装饰，就是今天所讲的工艺美术设计之类的。所以在第一本书写这个技巧之后，我从建筑上去看，就发现建筑雕刻实际上就是在石材面上做雕刻，它不会凸出在石材面之外，所以我们看这建筑物的方正，它的作品被容纳的空间也就在这个方正里面，和现在崇武在做的会有差别，因为把它刻得很厚、很大，一不小心出门就撞头。若把技艺做一个探讨就会发现，其实中国的雕刻技巧，跟西洋雕刻技巧一模一样，等于说西洋的车子，跟我们的车子一样都是四个轮子，没有不同啊！唯一不同的是它挂的是我们中国牌。所以中国雕刻技巧，它必须要跟工艺、跟典故、跟生活、跟画稿，跟它在生活里面用的重要技艺相结合，所以跟西洋在教堂用的观念是一样的，但是文化表现的特征不一样，变成了中国文化的特征。技巧跟文化结合以后，一般人就完全看不出来技巧是怎么做的，因为它主要是表达画面，技巧主要是做一个工具而已。所以从西洋的所谓科学角度来看的话，中国的技巧绝对跟西洋的雕刻技巧一模一样，就是浮雕。

李：古建装饰艺术是如何分类的？

王：分类的源头就三个字"四点金"，就是泉州匠师他们在职场上交换意见时用的专有名词，完全没有资料，因为我在台湾用了 50 年调查资料以后，发现很多资料有类似的东西，慢慢有个轮廓出来。那我在解释"四点金"的时候，第一类就是花鸟，第二类是人物，包括仙人，在泉州的第三类叫作四脚，四脚的话大概就是兽类，为了表达通顺，避免语音上描述的隔阂，所以我就把它改成走兽类，其实走兽类就是四脚类，当然含神兽在内。那至于说第四类杂碎呢，简单地讲就是好多小东西，摆在一起就集成一堆。集合祥瑞的东西，我就把它改成集瑞。这就是我后来按照"四点金"分出来的。"四点金"分出来以后就把这些图稿归类了，花鸟归花鸟。我将水族类的归在花鸟类的原因是什么？第一个，它大部分都跟花鸟类做搭配；第二个，它量不多，归人物类会觉得很奇怪，归走兽类完全不相属，归集瑞类的话，它又有一些图案变成吉祥图案。比如鳌头也是，磬也是，所以基本上像龙虾啦、鱼啦、螃蟹啊，我们就把它放到花鸟类去，因为它都跟花鸟的绘画有关。

李：您能不能介绍一下台湾古迹保护的情况？

王：中国人以前对建筑的观念，就是逢年过节洒扫庭除，气象一新，简单地讲就是重新洗刷、重新画、重新弄。事实上，从另外一个角度来看的话，就是每一年对房子整修的保护方法。当引进了西洋彩绘的保护方法之后，突然之间不得了了，我们所有东西都不能动，因为它是文化产业，可是这里面就没有做分类了。我们本身引用西洋的东西，食古不化、食西不化。因为西洋有它西洋的条件，不见得适合我们。西洋的方法是解决西洋的问题，但不一定能解决我们中国建筑上的问题。那我们建筑材料是一门学问，图稿是一门学问，就像刚刚你们提到的我们还有不同的派别的差别。比如说今天这是属于粤东的派别，泉州师父刻的和粤东师傅刻的会有差别，漳州师傅刻的会有差别。若是漳州师傅刻出来的东西，你不能拿粤东师傅的图案去凑啊！画师也好，匠师也好，雕刻技师也好，他们有各人自己的风格。对地方来讲，我们泉州就有泉州派、漳州有漳州派，往西走的话，粤东部分就有所谓的潮汕派，至少我们有三个派别的区别，刚才我们在那边看牡丹花的画稿，客家的画法中间一卷，跟所谓的漳州派的刻法就不一样。但如果这边的花掉了，你给它放一个所谓漳州派的花，那就贻笑大方啦！可是为什么台湾有些地方可以修呢？因为艺术这个东西少有人懂。所以我认为就整个中国的大领域来讲，我们急需成立两个系统，第一个就是文物维修的认证，第二个是国家实验室。

李：所以抢救、保护这些古建艺术的对策，就是要忠实地去记录，然后再建立数据库，是这个意思吗？

王：对。所以前端就是要建立国家资料数据库，后端就是协助他们成立所谓的文物保护的施作方法。这边就是一个国家实验室，三足鼎立。

李：我们对台湾古建装饰艺术的研究、调研，对于两岸文化交流方面有什么意义？闽南的古建装饰艺术和台湾有哪些区别和联系？

王：我一直回福建做田调的原因是，台湾文化是一个移民文化，移民过来的东西，衣食住行、娱乐都有，住的部分空间跟闽南是一模一样。早期没有技术工人、技术匠师，都是从福建做好运过来安装，或者请匠师到这边来做。所以它是一个文化在流动的现象，那流到台湾之后，却没引起重视。不重视也是一件好事，就是我常讲有两个条件让它保存得很完整，一个是香火不盛，没钱就不修，就保存原样；一个是穷乡僻壤，到不了，没人去看。所以台湾有很多古建艺术保留下来，大概就是这两个因素让它保留下来了。我们在做研究的好处就在于可以看到原汁原味的、从福建传过来的、没有再变的一些原始原像啦，这些东西就是我们资料库里面可以作为往后改变的一个依据。将来修复的时候，如果能够把这些资料整理起来，然后两岸之间的相对的东西能够对得起来。台湾没有的，大陆可以找得到；大陆没有的，都留在台湾了。其实这是一个血脉相连的文化承传，没有办法割舍、做切割的啦！

李：提到两岸文化交流，还有您的老师那志良老师，他也做了很多有益的工作，因为您之前有提到李梅树老师，黄龟理老师，您能不能也介绍一下那老师？

王：人一辈子碰到一个好老师是很幸福的事，碰到两个好老师是很辛苦的，碰到三个就很“倒霉”。碰到一个好老师，你一辈子跟他学这门学问就学不了了，你碰到三个不是学不完吗？李梅树老师他是造就了这么个大环境，让我们有机会回到传统的学习，我因为学习上的不足，知道说上古史的部分和工艺有关的只有器物史，所以我就投到那志良老师的门下，我跟他跟了 23 年，所以老师的书我几乎都翻遍，都可以倒背了。原因就是，你懂得古器物学，就等于你懂得了古代的工艺史。所以我在写这些东西的时候，你往上去追的时候，不是个人的描述，而是历史的记载、典故的推敲，这个部分是那老师这边学到的。黄龟理老师就是建筑上给我开了一个窗，让我去看得到建筑的重要部分，他本身不是学建筑的。他的工艺在于刻的那些东西，可是我们从他刻的东西，从他的一些画稿可以看到这里面的堂奥在哪里。

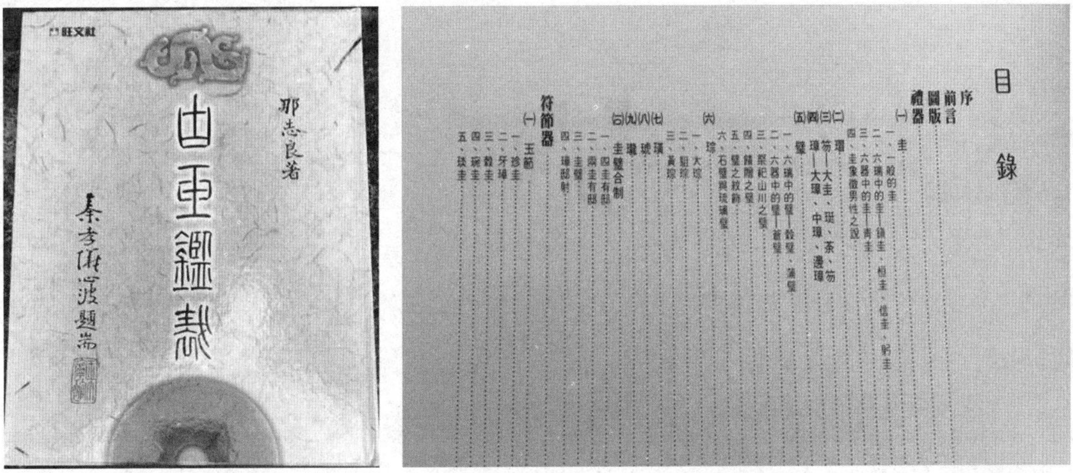

那志良著《古玉鉴裁》（旺文社，2013）封面及目录

那老师给我的是一个历史的大角度，知道中国历史源流是怎么来的。文物搬迁是从 1931 年“九·一八事变”之后开始的，故宫准备搬迁，我们老师就开始清点文物，后来南下到了南京和上海。南部的战区吃紧以后，文物分三路：一个海路，一个陆路，一个是北上走陕西、下宝鸡，到四川，我的老师是押最辛苦这条路线，所以他把东西运到了四川以后，分别藏在两个地方：一个在峨眉山，我们老师是典藏处的主任，另一个是欧阳道达，负责乐山，就是乐山大佛那个地方，他们在那边进去到抗战结束，整整 17 年的时间。对这些大儒、文人，对文化上的贡献对我的影响很深，他们不计较名利，不计较自己的出身，为的是为国家做点事。我一直认为说，我做的事情，是为国家、为文化、为传承，把这个真相找出来，可能因为说找得太过真了，就泄露了天机。

李：起先您还讲了黄龟理老师名字的由来，还没记录，您再介绍一下。

王：黄龟理老师原名叫黄红婴，他被评为重要艺师之后，我曾到邮局帮他办理拨薪水业务，可是被退回来了，邮局说：印章不对，印章写的是黄红婴，你填的叫作黄龟理。我就很纳闷啦，我问老师是不是印章拿错了？老师跟我讲说没有拿错啦，本名是叫黄红婴。

我们就问说是什么原因啦？黄龟理其实跟着台湾的陈应彬（就是这个台中林氏宗祠的搭建宗师）学艺，他原来是学大木，大木就是所谓的建筑栋架。不是学小木，小木就是一般装饰木雕，雕刻类的。因为他个子比较小，每次要搭栋架的时候，两边都要人沿着梯子扛在肩头往上走，他个子小、动作慢，手脚不利落，慢得跟乌龟一样，大家就每次戏称他叫“龟理”，后来陈应彬就问他说为什么被唤作“龟理”？他说他的动作很慢。陈应彬老师说，那你改名好了。所以后来他任何作品的签名都签“黄龟理”，名字就是这样来的啦。

李：其实中国传统文化的传承，它不是一蹴而就的，就像黄龟理老师的名字一样，是慢慢地、一步一步地传承，因为有了那志良老师、有了李梅树老师、黄龟理老师，传给您，然后您又传给下一代，就这样子我们的艺术才能够得到不断的传承，今天非常感谢王老师接受我们的访谈。

南北互鉴，定位南系：三访王庆台*

谢必震

时间：2019 年 1 月 23 日

地点：赴云林县麦寮乡车上

采访人：谢必震（福建师范大学闽台区域研究中心教授）

受访人：王庆台（原台湾艺术大学雕塑系主任、教授）

王庆台教授家中教学

（吴仁联　摄）

谢必震（以下简称谢）：您是研究南系古建装饰艺术的专家，照我理解，南系应该是指福建、台湾和广东的潮汕一带，那么与南系相对应的北系中原一带，两者之间有什么样的区分和联系呢？

王庆台（以下简称王）：我北部跑的不多，主要是陕西、山西、河南、山东。北方的东西简单，不像我们南方书画用得多。“四点金”分类里面，它有三样东西，就像三山国王庙的裙摆，很多吉祥图案集合在一起，两个吉祥图案在一起，它就会产生一个排列组合的问

* 基金项目：2018 年度国家社科基金重大专项项目“台湾古建装饰艺术的抢救、保护与传承研究”（项目编号：2018VJX061）阶段性成果。

题，像这些吉祥图案组合起来的叫作集瑞。这三大类，第一个叫作祥瑞画稿，第二个是集瑞图稿，第三个是吉祥图案。我们先了解这个前提，再谈南北的区别。北系的东西书画稿少，因为北系的建筑主要是以宫廷的威尼斯建筑为主，注重用颜色，小地方用小图案，比如如意、卷草，不像南方这么大量的用装饰，在南方书画稿变得很细腻，呈现在裙堵上的位置。

鹿港三山国王庙集瑞图稿

（李湖江　摄）

北方建筑结构很高大，屋顶不像南方那么多，它能用于雕刻的地方不多，但是石雕部分比较发达。为什么李诫在写《营造法式》这个书的时候，把雕刻制度放在石作制度里面去，因为只有石雕的地方可以做，木的部分不会刻那些花花鸟鸟、图案文字，比如狮子纹、铜钱纹等。从发展上来讲，江南书画的流行量也比较大，所以后来上海有海派的文化。

第一个祥瑞画稿在南方出现得最多，国画稿要成为工艺稿就要有变化，就是我讲的“五两三”。五是指构图五要，即设石填基、设定主体、嫁接主干、营生侧枝、繁茂花叶；两是指两个不同，即通风、透光；三是指三个变化，即主题变大、余白填满、草变木本。这个就已经改变了国画稿，所以南部出现的这些祥瑞画稿，在北部很少。因为它在石雕上面打的时候，几乎不会打通透，而且石雕做花鸟是在裙堵，不会做在窗棂上面，而且北方的石材都是属于花岗石，打不出来。

第二个集瑞图稿有了很大的变化，汉代的时候汉明帝夜感灵昭，佛祖东来，然后带来了文殊和普贤，一个骑狮子，一个骑象，后来因为宗教信仰的关系让它具有了法力，这两个图案就进入到民间工艺图案，大象背个三多果盘，狮子背个香炉，这两个图案就进到我们讲的第二类集瑞图稿，画面变化有了主题。狮象背个花瓶，这是基本的套路，反而在木雕上会出现狮子和大象，石雕就不出现了，为什么？第一因为石雕没办法刻得很细腻，第二它占的面积也大。而且对比来说，小的东西多的时候，一般只刻三多果，加上一个香炉，这个图稿题目已经丢了，我现在正在想办法把它复原。

第三个就是吉祥图案，它分两大类，一个是做对称用的，如琴棋书画；像灵芝就没有，它就单独一个；像金乌玉兔它对称两个。有两个一组的，有四个一组的。八个拆成两个一组的，八仙就拆成四组，变成这样一种情形。南系发展出来的细腻度，北方完全没有。这一套东西，现在技巧流失了。客家我现在还没有概念，潮汕那边到了梅县，梅县再往东走是大浦，大浦出这个擂金彩绘。就是全部墨笔用金作，它的金作技巧，就跟惠安女做影雕一样，就是用素描画法。因为它底是黑的，金一扫，黑的出来，这是客家人特殊的做法。这个做法是不是跟北方有关系，现在完全没有任何证据。在北方我找不到这种范例，是不是将来有机会找到？雕刻技巧我就不从这个客家来找，客家本身潮汕北来南下的时候，就被武夷山挡在那边了。顺着到了广东，潮汕再往东走，进到漳州、泉州，他们这一批人跟移民一起到越南那边去，到了台湾。所以南系的东西，如果广泛来讲的话，它没有一个很明确的说法。我是想说，因为移民的关系，我们就把它定在这个区域。我们到武夷山就知道了，武夷山到福州，它的建筑形式跟我们南方就不太一样。从大的领域来讲的话，我认为南系应该定位在福建、潮汕跟台湾这个区域。

谢：刚才您讲到的北方移民早期都是从中原一带过来的，他们的装饰工艺理念，应该多少有一些北方的成分在里面吧？

王：之前看到的图案，我不是说右边一只猫、左边一只兔子吗？兔子大概是属于南方发展出来的，猫跟白菜就是北方的。上次我到江西的一个村，我一看到那些石雕上刻的全是猫，很漂亮啊。客家的装饰里面，有很多图案，其实都是出自典故的。之前有个折扇，出自《论语》“择善固执”嘛，它就是谐音。所以，谐音在春秋战国时期就已经出现了。

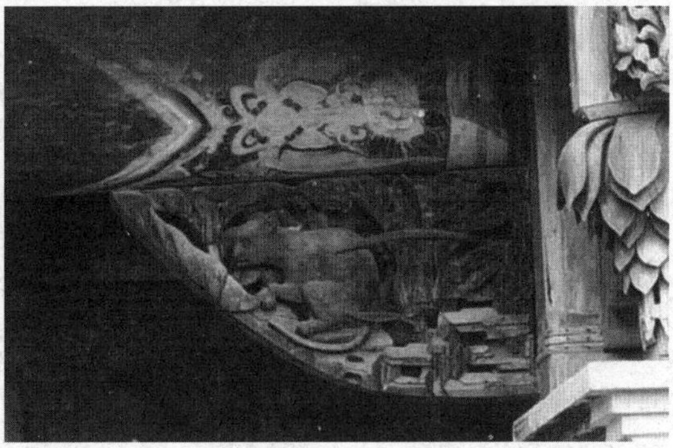

兔子、猫和白菜
（吴仁联　摄）

譬如说，我们器物学里面，手环的环，缺口叫厥，跟断绝的“绝”谐音。有些东西也变成规制了，比如说，唐代用的是鱼符，战国用的是虎符，虎符就是一个留在朝廷，一个留给将军带去，两个东西中间就会符合。这个是带兵的，这个是换将的，这个是运粮的，每个人都有一个虎节带着，虎节就是把它中间剖开来，做两个东西，里面的洞，为什么不一样？你合起来，就是同一组的，合不起来就不是同一组的，就是造假的，合起来以后，它的上面老虎背上刻有一个文字，左卫右将军，你拆开的话，再合起来就看得出来，表示说你是政府派的。但是如果说你造假的话，你不知道里面那个洞在哪里。合起来就是同一块，所以后来我们说签合同就是这么来的。像北方，他们在器物的用法上，大概跟工艺装饰是另外一套，为什么我专门跟那志良老师学习古器物学，原因就在这里。兽面纹、饕餮纹，北方建筑会用这个东西，大概就是彩绘图案，从它建筑的格式和局部的形式来讲，多不宜做过多的华丽，反而用颜色来代表，用简单的图案来代表。在《营造法式》里面有这个东西，这个地方不画，那个地方画一条线，叫一字法。所以从图案、从题材、从图稿上来讲，北方是因为建筑威仪，所以它不太去做过分的装饰，而且也不适合，因为官家的缘故。南方小家碧玉，再加上都是有钱人家，所以你看金门的照壁，大概把北方的都搬进来了，而出自典故的东西、出自经书的东西，慢慢地从客家能够找到这些东西，反而在汉民族没有了。另外还有一个原因，南方离朝廷比较远，所以有关器物学上的东西，所以我到山西看到刻的那些器物中规中矩的，有橛、有鼎，全部都是器物，这个东西在南方很少见到啊。我们现在说加官晋爵的爵，变成了角，像菱角一样，两边一样大，爵的形状是一个牛角，大口叫牛口，后面叫尾，现在变成像菱角一样，两边都一样大，为什么？南方来讲，做器物装饰的不多，反而北方多。那就跟他们的地理环境有关系。所以北方的东西，就是第三类吉祥图案多，画稿少。集瑞的东西，我很少看到。集瑞的东西在南方出现的时候，是不是因为南方本身对器物学不懂，没有做出题目来。可是在汉明帝的时候，出现了狮子和大象，这个图案，在木雕也好、在石雕也好，都有，但是出现最多是在交趾，为什么？是因为交趾的颜色。交趾后来在图案的制作装饰上，它们又另外发展出一个系统，总归一句的话就是北方威仪建筑装饰少，它的装饰第一就在于皇权，在权贵；南方小家碧玉，装饰多，大部分就在于言情这一类东西。那从四点金分类上来讲的话，我们漏掉了武夷山往北走这一块的时候，到了江苏，砖雕里面就有所谓的言情诗画的人物雕刻，民间匠师他本身不念书，他完全就是技术承袭，承袭作品、承袭图案，所以他们能认识的东西就是打打杀杀，写实的就是三国，人不人鬼不鬼神话的就是封神，这类东西反而在台湾变成大宗。我常讲的“姑苏城外寒山寺”，这个题目打死都刻不出来，那个东西就消退了，像《红楼梦》的题材都消退了，反而留下的都是忠孝节义，所以台湾的局面是拘束了，没有办法，环境使然。像我们那个阿里山，冰河时期退了以后，有一批鲑鱼，没有洄游，所以我们阿里山有鲑鱼啊，日本人当初来调查的时候，原住民就拿鱼竿给他看，日本人吓一跳，你们这是哪里买的，是河里抓的啊。它已经驯化了，变成陆生形的鲑鱼，它不洄游了。一般鲑鱼到淡水产卵，然后到大海成长，时间一到，它就回到河床里面来下蛋，可是冰河时期地形的变化，台湾地形隆起以后，阿里山就断了鲑鱼洄游大海的路，很快就变成了陆生形的，就是全世界很少看得见的，所以台湾的状况就有一点儿像。它一定会丢掉一些东西。南方的人物荟萃上来讲，台湾并没有像大陆那么大的市场，它的市场单纯化了，能够资助你往里面投入资料的机会就没有，就不参与了，就拿着老稿子这么做，所以有很多稿子，一开始，我们讲社会学近亲交配，这个稿子错一点，那个稿子错一点，错到最后就太离谱了。像我家里摆了一块，那个是“室上大吉”没有错，“室上大吉”的背景稿却是“三王夺锦”的稿，所以南方的稿有这样的情形。这就是为什么说，我们以前讲的吉祥图案，都以为只是图案而已，其实它有三个类型啊。中间这个类型，我也在怀疑说，北方既然没有这些东西，是不是南方自己组出来，因为匠师他们在组这个稿的时候，就借用了狮、象这个东西当主题和花瓶，它大概掰不出题目来，也有这种可能啊。

谢：讲到福建、台湾和潮汕地区的南系概念，那么江苏、浙江、广东其他地区也是属于南方，这之间的区别在哪里？北方和南方之间有何过渡？

王：如果今天我们讲定位的话，讲南系的东西，我们就必须把福州、闽北的东西放弃掉，为什么？因为它在江西、浙江下来的时候，他们有砖刻，我们是石雕、木雕、交趾、剪黏、艺术彩绘，广东佛山是交趾的中心，汉代汉武帝开置交趾，在广东、广西和越南的北部，所以叫交趾，后来从那边出来的东西都叫作交趾。日本在统治台湾的时候，他们把我们烧制出来的东西拿到他们的博览会去展览，他们很惊讶地说怎么这么漂亮，低温的东西是含青釉，基本上不能拿来实用，所以日本就把它叫作交趾。交趾原来的音是汉代设交趾郡的时候广东那边的。如果我们从台湾的分类上来讲，材料是和技巧合在一起，图案放到每个不同的材料，每个不同技巧，就变成那个东西，我们交趾的花鸟，它也叫花鸟稿，我们木雕就是用木头刻，石雕用石头刻，如果我们从建筑装饰的分类定位，从材料上来讲的话，那就应该是广东南方这边大概都是。现在比较不太能肯定，也就是说有很多的东西匠官带过去他们就那样盖了，所以我都会去查他们的会馆，比如说福建这边也有广东会馆，广东的商人到这边来，他们自己住一个地方，台湾也有崇武会馆。从南系的建筑材料分类上来讲，交趾陶应该源自佛山。佛山再过来就是到了广东的潮汕，从材料制作技巧分类来讲的话，南系的建筑都很类似，他们在气候带上所形成的建筑格局一样的话，装饰就会一样。我之所以定在这边，就是断在砖雕这个位置，南方没有出现砖雕，因为我们南方的土质含铁重，所以大部分是红砖，红砖适合做建材。台湾从福建仿过来的，福建这些人也会往北仿，他们刻砖我们也刻砖，可是他们砖是灰泥砖，我们是红土砖。红土砖就不适合雕，只能刻图案，就是因地制宜啦，受材料的限制，所以断在这里。闽北武夷山就省份来讲属于福建省，但是就气候带跟建筑形式来讲变成了往中部、北部走。闽南这边是另一个区域，所以定位南系我们就断在砖这一块，因为材料绝对影响你的发展嘛。我判断南系应该断在闽南的原因，因为那个在材料表现特征上面，它会受到限制。所以往闽北、往江西，往上走，我就不太认为它属于南系，原因就是我们的建筑材料没有出现泥砖，没有灰泥砖，只有红砖。

砖式刻法跟我们之间往南部的靠材料的刻法，因为材料不一样，刻法不一样。过了淮河，橘子和枳子就有区别了。这样子的话我们南系东西就定位下来，技巧带进来的东西大部分是彩绘，客家的，因为客家移民他们会带来中原的一些图稿，猫和蝶就是他们带进来的。白菜这些东西也是他们带进来的。还有找到台湾的折扇，这个《论语》里的东西是古中原的东西啊，耄耋是《礼记》里的东西啊，为什么客家人到了各地忠孝传家，受到中原文化的影响。

《营造法式》里面会把雕刻技巧放在石作制度里面，表示说北方的雕刻是以石为重，所以我还准备到山东家乡跑一趟。山东嘉祥就是我们家老家中都县，孔子担任过中都宰嘛，孔子就是我们以前老县长啊。后来大陆区域的县制调整以后，又把汶上并成了嘉祥县，嘉祥县在我找到的资料里面去看，它是北方的石雕重镇，就像我们崇武一样，可是它那边做不出好东西来，为什么？因为北方木头少，中原木头少，石头大部分都是建材，只有我们崇武这边出的很细的磨刀石，更细致的话，就是辽宁的桥头石，它是砚，所以康熙做的那批赏的东西，我们那志良老师全部放到台北故宫来，在台北故宫展厅二楼。

谢：前些年我去广东看陈家祠，里边交趾陶的东西十分精美。

王：陈家祠里面的东西跟我们南系建筑装饰的交趾陶是一个概念，做出来、捏出来不一样，表现手法不一样。如果说要看陈家祠的东西，第一个要看当地戏剧，它所有的服装都是来自戏剧。它不用清代的，所以我觉得康熙也是胸襟很开阔了，当时徽班也好，各地的戏曲，康熙时期到了北京以后，糅合以后就变成了我们的京剧，在京的就变成了京剧，然后慢慢成为一个体系。其他的地方戏曲比如河南的梆子，还有各地的戏都是地方戏曲，然后糅合以后在北京就变成了京剧，这么出来的。所有的人物的部分，都来自戏曲。所以我现在在搜集广东、福建、北京出版的版画，跟京剧表演有关的部分。因为从中你就可以看出戏剧对人物雕刻的影响，戏剧的服装对目前南系雕刻的影响都很大，所以现在做这些东西不得了，等于把中国工艺的宋代以后的整个结构都做出来了。

谢：这次看到交趾上还有洋人的服饰在上面，你很难想象在我们的宫庙里面看见圣母玛利亚的彩绘什么的。2009 年 12 月前，我到开平碉楼去看了一下，开平碉楼洋人的东西就很多，那些是华侨、欧美传回来的，受西方文化的影响很深。开平碉楼上的那些作品，二宜楼上是不是也有西方文化的影响？那一家人也是去美国，我记得有一些装饰也是西洋文化的融入。从文化交流的层面，汉族和少数民族之间的交往，习俗、信仰，装饰工艺在民族文化交融的过程中，有没有相互借鉴的关系？

王：在地的一些接轨，傩面具在人物雕刻脸像在建筑上的运用，那天我们在台中林氏大宗祠正殿上面，看上去不太像我们这边的刻法，有点傩面具的味道。如果再往进去的话，一定会跟在地的一些技巧结合。它人物雕刻的面相，跟傩面具就很像。这虽然是个小题目，但是很值得去做。

谢：在琉球我去一些岛屿看过，那个地方雕刻的东西，挂在餐馆上的都是假面具，都是傩面雕刻的东西。我来台湾之前刚好去广西，参加这个会议，他们跳傩舞，这种艺术都是相通的。有雕刻的艺术，也有舞蹈的艺术。这种特征表现得很强烈，

王：广西那边我是没有去，但是我是看它所使用的雕刻技巧，我去找这些匠师来设系的时候，这些匠师是做鞋样的，做鞋的靴头，为什么，它就直接消失了，他必须靠这个谋生，只要用得着雕刻的地方都会去。在广西这边一些建筑上的雕刻，广西的建筑从工艺角度去看的话，它的习惯性的一些技巧介入了，就变成地区化的东西。广西有广西的特征，广东有广东的特征，跟当地的宗教舞蹈、戏剧、服装，它就慢慢融进去了，每个地域的区别就出来了。福建有福建的，比如我们泉州这边的东西，基本上我们认为受高甲戏的影响，台湾受歌仔戏的影响。整个戏剧所宗本的是明代的故事，所以我们在北港朝天宫，在南瑶宫那边的时候，特别去看将军像，上面有挂了两个貂尾，貂尾就是京剧里面的番将，既然是番将，“四大天王”既然能进到我们的佛教寺庙里面来，是因为它是宗教关系。可是这些天王却不是穿着印度的服装，而穿着中国的服装。就是中国戏剧的将军像。鹿港龙山寺，那四大天王是西方的天王，如果还要再去求证的话，要去追吴道子的画。我们横的从宗教里面去看，看敦煌里面的武将，所谓的天王像，都很像。在这里面出现这些东西，都是从京剧里面来的。

台北保安宫壁画朱仙镇八大锤战陆文龙
（李湖江　摄，2019-01-15）

“台湾古建装饰艺术的抢救、保护与传承研究”项目课题组成员集体合影
（吴仁联　摄）

传统雕刻技艺运用的特色*

王庆台

宋代李诫所著《营造法式》卷三雕镌制度，呈现了千年来工艺制作见到的雕刻技巧的相关文字记录："石作雕镌制度有四等，一曰剔地起突，二曰压地隐起华，三曰减地平钑，四曰素平。"文中所说四种不同的等第，主要是为了给装饰技艺在画面运用上做出效果区分，在建筑雕刻中以浮雕和阴刻两类最为明显。以下叙述这两种制作技艺的不同表现特征。

一、剔地起突

（一）技艺的特征

传统建筑装饰都会在主要位置上展示作品，最好位置的处理都留给"剔地起突"技艺来表现。也就是传统技艺的浮雕制作，成了建筑物上重要的表现手法。这种千年来的技艺认定，成了中国建筑美化的手段。如果这不是当时普遍的做法，"剔地起突"也就不会站上技艺记载的首位。因为"剔地起突"的技巧施作，能够细致地表达图稿的细节，突出呈现建筑物上的装饰题材，这是中国最高规格的装饰技艺。

鹿港天后宫剔地起突雕造

* 基金项目：2018 年度国家社科基金重大专项项目"台湾古建装饰艺术的抢救、保护与传承研究"（项目编号：2018VJX061）阶段性成果。

建筑物适合这个技艺的位置，一般都在重要架构材上或是眼睛平视之处，当然有些位置制作必要有着高突设计。“剔地起突”技艺若施作在裙堵上，则难免遇到撞击的现象而遭受损坏，其制作上变通的做法就是不采通透、不做挂空，所以龙柱见到的穿透，是因为材料够粗壮，但也不能保证就没有断裂的疑虑。

建筑物不同的位置可选择不同的材料，因为材料特性及色泽不一样，所以作品在选题上会受到深刻的影响。比如，窗棂有石材和木料的不同运用，石雕窗棂的选题往往是人物故事，而木雕窗棂选样就会是以花鸟构图为主。

雕刻技艺的运用有四种，在什么位置用上什么技巧，需有一定的经验来作为指导。建筑物上材料的支撑作用是建筑架构力学上第一考量的因素，在建筑物上见到的装饰制作，由于材料厚度有一定的规范，根据不同的材料条件，则施作不同的技艺以展现其效果。

（二）平化的技艺要求

装饰可以在位置上做出技艺来表现发挥，但无论用什么样的制作技巧，结果都是在后天条件限制下完成作品，也就是说无论如何表现，都不会有越过平面高度的可能，制作技艺要求上不容许画面出现塌陷状况，所以正常结果就是平整的画面。中国建筑物上制造出的装饰，架构材都依规格制作，所以雕造装饰早就在材料限制下，要求做到平整不能凹陷，所以一座建筑物见到的装饰，不论是石材或是木料，都会在面子上保持住平整，也就是这个前提所导出的平化结果。

彰化南瑶宫窗台剔地起突平化处理

虽说技艺表现有所不同材料也见差异，但同样限制下都不可能有着超越厚度的误差，所以剔地起突给的最大厚度，也只能在材料限制下施展，因此保持住材料本身的特质，反倒是技巧运用上最为必要的注意重点。

这些制作技艺见到的成果，因位置不同处理就会有所差异，窗棂因为有着通风透光要求，所以地子就有必要穿透的空当，墙面上见到的制作，就会有地子平整的出现，留有余地的制作在墙，透空处理的雕造在窗，这是技艺配合上见到的变化。因此，技巧配合的处理，只要是不会有着崩裂疑虑，都会尽可能地下以漏空来表达技艺的精巧，石雕窗椂人物见到的作品无不是这类制作，但以柱体为装饰的雕造，因为厚度较大、体量够丰，所以柱的下身龙爪的悬空，也是必要处理穿透的选择。

建筑装饰因技艺而突破，所以古代对这样的技巧，都用上了鬼斧神工的赞叹，这说明了建筑装饰中的制作，技巧运用因位置不同也就有所差异，所以制作细腻、层次推敲，也就在作品画面上见到细节的差异。总而言之，建筑装饰的最佳制作，几乎都是出现在窗椂设计上，这当然有其客观因素存在，诸如通透所给的条件、主题的三个变化，再加上视点所给的焦点，因此窗椂上能见到的制作，石木两种材料的雕刻，都会是建筑装饰中、重要作品制作的所在。

（三）技艺施作位置上的限制

人身腰部位以下的建筑物部位，会因为进出拥挤碰撞，墙面多少都会有撞击的状况发生，这是在农村社会往庙内搬运东西，经常会出现的情形，所以磕碰都会是常态，因此人腰高以下的制作，匠师在以往制作的经验中，这些部位都能避开碰撞，因此施作技艺的调整，就会以建筑部位为选择。庙方为了夸耀其华丽装饰，往往都会要求匠师做出最细腻处理，这些现象都是常态做法，所以今天在老庙宇中都能见到，早期镂空穿透的细节表现，都成了断裂不全的残缺作品，这不是有意无意地差别，而是在人来人往熙熙攘攘的推动中，都不是有意造成的毁损，是磕碰见到的损害，是工艺作品无法恢复原样的最痛点。

最常见石柱上的盘龙，因为柱心到面上够深，所以柱面龙腿位置，会在所有雕造起突的最高点上出现，一般做法都会将腿下侧面，撑起的厚度铲除让主体透空，这种状况也发生在龙须和髮髻上，因此我们可以见到穿透的挑空，这些部位就是最易因外力撞击断裂的位置。剔地上必然起突的原因，除了可以见到自然的流畅外，更是可以表现出制作上的细腻与用心，所以龙柱上造样的盘缠扭曲，特别在上下层次分明的要求上，必然要将层次上的多余的累赘剔除，这样的结果必然会造成悬空挂槛，表现是见得画面的自然流畅，但无依靠下的脆弱就有了碰撞下的断裂危机。

匠师为了防止这样的状况发生，日后腰下位置装饰就采用接地做法，因为压地技艺表现是图案刻画，不在起突上见到的层次表现，这样的做法多只能满足图案的制作，但稿样的前后交错穿插，花鸟神物走兽的制作，就有了调整下的适应，也就是画面到底不再用上穿透做法。这种技艺当然会弱化技艺的特色，所以这个位置上的书画稿样，多半都是不会在窗椂上出现，也就因为这样的不漏空、不穿透，有着类似减地技法的限制，也就是说是有起突的制作，但没了穿透后细致营造，由此我们可以知道，传统雕造技巧其实只有一种，只是运用上调整的差别而已。这里见到的雕造技巧，除了穿透悬空不做外，所有该是起突的细腻，都有着一样的处理技巧，所以侧面见到的都是往下的连接状，采垂直到底支撑的地面，这种制作技艺侧翼的加强，为的是防止发生断裂的危机，这虽是以剔地起突的作品，但因为防止撞击断裂困扰，所以板状的支撑就会出现。

彰化南瑶宫麒麟不穿透雕法

这样的改变就出现了画面被分层切割的感受，前面提及过的画稿，理论上只是将减地画面往上提升，因为减地受到往下侧边斜入的限制，只能有着两层的画面交叠，所以少去了往侧面转移的延伸，除了正面图案外就少去了可以往细腻的叙述。为防撞所出的妥协，会让剔地在起突上有了滞碍，再加上不能往两边轮廓后斜下的延展，当然就会失去图稿的流畅，但正面见到的起突有着浮雕该有的特征，只是这样的处理手法，会有着层次不能尽述的限制。这样的状况是绝对不同于压地的解释，因为起突特征和平面上，以及面上只剩上下微起的图案表示，还是有所不同。

这些属于透视上该有的高低起伏，都在剔地制作上可以见到，但这样的表现只在正面图案上出现，当对这类装饰做出观察时，似乎见到的只是起突的半套技艺，图稿往下处理采取了停止，将一切图稿以垂直到底，做出防撞直立的板石块而已。这两种技巧的差异剔地起突制作是浮雕写真高起的技法，压地隐起只是图案做出往下的刻画，所以压地是有着视觉上的剔除，但这样的技巧运用，只在将图案制作不会有着层次的剔造。如果制作出简单的技艺区分，可以说一个画面是有着透视的进退，另一个画面只有图案线条平面上的叠起。裙堵装饰东龙西虎下的作品，"赐福平安" 图案雕刻，就是一块完整的压地图案制作，面上的线条或是起伏都是图案表现，没有因层层叠叠必要的起突，所以见不到轮廓的分层，看不出稿样的前后交织，这样压地所出的制作，不要因为图案够大就以为用上的技巧，就是采剔地起突的制作。

施作技艺拿捏考量时，都会因客观条件转换做出微调，在只有一种雕刻技艺的传统表现，因装饰位置、条件、图稿特性的差异，技巧制作见到的处理，就会有着调整下的不同，这些的差别就在于技艺的转用，所以不会传统正确雕造的人，当然不会懂"压地隐起华"特征，因为中国传统技艺的运用差异，只是技巧的适用不同，正确的基本雕法只有"剔地起突”技艺的熟悉而已。

二、减地平钑

《营造法式》雕镌制度记载上，四等第之三的“减地平钑”，是今日所俗称的“阴刻”，雕镌制度第一条“剔地起突”的“地”，等同于本条所列减地平钑的“地”，前者为浮雕底部之背板底，而本条所述则为雕造面往下的起点，所谓减地雕造是画面入于“地”之下的制作，即图例均低于画面“素平”以下，由此可以得知其作品必低于“平”与“地”，均以下凹技艺制成画面，即今日古建雕造所俗称的“阴刻”。

三峡祖师庙的阴刻

减地技艺完成的雕刻特征，是做出低于“素平”面下的装饰，技艺运用是往下凹陷的表现方法，这些稿样因为不像“剔地起突”，需要画面改造做出支撑搭接，所以图稿选择上的宽阔，几乎网罗了所有的水墨书画，这种技艺处理也给出装饰内容，有了可以转换水墨画的机会，不会让建筑装饰上见到的都是规整下的雕刻制作，因此这种技艺制作稿图的配合，也给了建筑装饰另一个不同视觉的眼界，以下是对这样雕刻技艺的说明。

（一）书画面处理的特征

建筑装饰上用的制作技巧配合，都因为架构材料的安排而就有技巧调整的必要。这些变化是因为画面颜色消失，剩下只是物样轮廓而已，加上细节上必要的搭接要求，所以雕刻稿样当然不同于书画表现，但减地技艺没有雕刻搭接的顾忌，直接就能用上水墨书画的原稿雕造。建筑中所有雕刻在失去色泽的优势下，用轮廓强调主题这明显是需求的改变，无不是成为雕刻项目追求的目标，因此画面补实、必要崩塌的再搭接，都是书画稿样必然改变的原因。但减地技艺是以书画稿为内容，理论上而言画面条件不会成为雕刻施作的必要规范。

因此书画稿样直接的运用，是要为建筑装饰开辟出稿样书画的情怀，不再是千篇一律的立体造样，这样的差别会给建筑物装饰，带出视觉上更宽的差别，所以传统书画稿的出现，对水墨原先纸质特质表现，也有了可以展现的空间，甚至于书法墙面上的嵌入，都会是醒目的装饰制作。

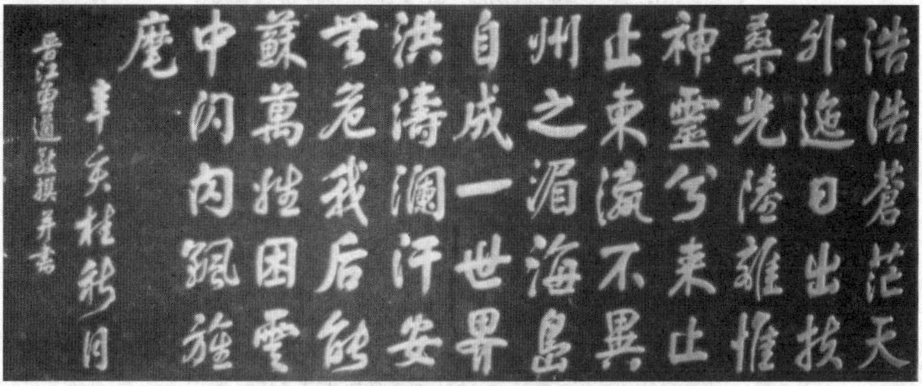

北港朝天宫书法雕刻

水墨画面装饰的加入，会给视觉上一个转换。烦琐雕造过度密集的出现，书画带出的清淡给雕造减轻紧绷的视觉，是有着可以释放压力的调节作用，这是之所以传统书画水墨面貌会保留在建筑物墙面上成为制作的主因。雕刻的目的是将画面给托出剔地做法，是依透视前后将所有可见轮廓，逐一由上往下做出层次的堆栈，其中所牵涉的就是技艺细腻与否的运用，所以近前物像就会有高于支撑的距离出现，剔地见到的起突是雕刻标准特征，但减地只有两个层次状况下，画面是不会见到明显的起伏现象。

其之所以画面不会有明显起高，原因是两层次雕造使然，因为减地技艺不用侧角往下挑起，上、下层间没有前后层次距离，见到的处理都是一个画面上的铺陈，所以技艺表现是剔地制作中多少带有压地处理的手法，也就是说高下间可以见到线条的明显区分。这种为画面特征做出的描绘，因为不再受到搭接的改变，可以见到处理上有着水墨书画的流畅，虽说这种技巧无法全表达出笔下的挥动，但忠实刻画做法是可以在雕琢处理中见到水墨画面应出的细腻，这样的技艺表现是可以表达出书画的特质的。

不同材料间当有着不同处理特色，笔墨渲染见到墨分五彩层次分的远近，这是纸张特性的表达，虚无缥缈境界给画面气势的感染，这不是雕刻技艺所能捕捉的气韵，所以书画表现中除了仙家的云气外，书画笔下特征不是雕刻可以完全做到。

（二）作品平化的呈现

雕刻只有立体和平面浮雕两种的表现，建筑上见到的都是画面雕刻处理，所以都采用浮雕形式制作，这种以文化为表现特征的技巧，实际处理时不可能有着不同技艺的技巧产生，所以“减地平钑”见到的技巧，其实就是“剔地起突”采用两层次的凹下平化制作而已。这种画面技巧表现特征是往下的凹陷，只在两个层次面上做出处理，所以画面上两层次的交叠，不可能有轮廓再“起突”的制作，这种技艺处理特征，就不会再有交织轮廓，做出前后距离的再抬起，所以侧角不入的手法，也给了不能再往下技巧上的限制。

北港朝天宫阴刻大式狮子图稿

这些画面制作有着书画特征，也就是说不会有着雕刻轮廓消失线的处理。既然轮廓消失线的雕刻特色消失，上、下两层次间的交叠就成了画面描绘，一来不必要深入平面之下，二来只做浅面雕琢，所以石材上见到的制作，才是阴刻的标准做法，如果会木雕出现阴刻，那除了无知外也就没有什么好奇怪的。这种技巧就是将画面用光线阴影烘托做法，其之所以只在石雕中出现原因有三：一是石材水磨后面上色重，可以凸显凹陷画面的对比；二是石材撞粉做法可因光线漫射，呈现出面与作品的色阶差异；三是明暗度下的侧影明显可见，这不是黄底木色可以完成的，所以如果采阴刻作为技艺教学，不懂传统技艺下才会有木雕出现阴刻这样的说法。

《营造法式》中除了“素平”之外的三种技艺，第二种“压地隐起华”特征，某些层面上会有着减地特色，不细看状态下都会混为一谈，因为一个是在平面凹下中的制作，一个是在面上平板中的处理，除了位置和地子的差别外，最直接可以见到的差异，就是减地虽是往下的做法，但技艺却是有着“起突”特征。

减地不受画面平化的限制，用上的技法也是“剔地起突”技艺，只不过是受到层次限制，所以“减地”和“压地”的技艺差别，一个是平板往下尽量不下凹的做法，另一个是有着浮雕特性有着层次的下凹表达，这两样的区分就在这里。减地画面微起浮雕做法，不是一般人想象中的凹下反刻，粿模反向是模具的反面，所以只要填买糕饼料之后的压制，当然在脱出模范后，就会有着正面立体糕饼的成果，这种“阴”与“负”说法，往往给人

“减地”是图案凹下的联想，其实减地见到的本样，就是剔地微起埋在地面下的做法而已。

（三）传统技艺的说法

艺术技巧表现都不可能违背透视原则，也就是说，层次分明就是有距离的远近，这个不变的基础表现，就会有文化特征和技艺诠释特色的差别出现，所以中国传统雕刻技巧特征，就是采用平化面上二维画面技艺做法。《营造法式》中所记录的四等第，说的是雕造技巧转用的现象差别，因此当装饰进入建筑位置，整体设计规划如何搭配，画面中深浅出现就会有位置、光线、技艺的考量产生，一个不该突出或是悬空的做法，就会是一个不适当的处理手法，所以长期装饰制作习惯下，什么位置、什么题材，该用什么样的技巧，在匠师处理经验下都是有规矩可循的。

书画虽说没有雕刻稿样严格规范，装饰雕刻墙面上的密布，是装饰给建筑物的最大诚意，但雕刻过度产生的视觉压力，就像必要空白给的舒缓一样，所以减地制作不再是雕刻稿样的作品，这种调整会给整体空间布局一种减轻压力的轻松。减地技艺带出的书画稿样凹下布置，就有着画面调节功能的运用。

彰化南瑶宫墙面阴刻配置

画面轻重色泽在石材排列中，“素平”因材料磨制带出的反光深色，整座建筑物的架构就出现排列的变化；身堵是雕工繁复的制作；裙堵配合身堵装饰的突起制作；只有中央腰堵因为“素平”的深色，所以上突下凸间的协调，就会出现凹下水磨沉花阴刻的轻巧减地技艺出现。建筑装饰技艺无不是传承职场学习，这些技艺的变化开展，稿图的设计与扩充，都在每个世代匠师手中累积，一件好的稿样，都会在争相转用中流传，所以区域不同技艺的诠释，也给了传统技艺更多的面貌，这也是为什么会有派下不同风格的原因。

装饰所重的就是整体协调，习惯见到的规矩都是稳定下的传递，格局下的差别会见到设计上的惊艳，所以传统建筑物的作品，都会在一定格式中见到题材的转换，这说明了规则外的考量，只要不违背装饰大原则下，题材、技艺、图案等的调整，都可以有着无限可再变化的选择。

所以每个位置上的装饰期许，造就不同建筑物中风格的不同，从而题材布局就会改换，但装饰的目的和认知教孝做忠建立的规范，都会保有着同样的概念，也就是重复运用熟能生巧下的变化带给了许多让人惊讶的好作品。无论再有什么样的变化差异，作为装饰技艺雕刻的语法，不会因现代说法而改变，这是传统文化中国古老的音腔，所有雕造都以“剔地起突”为准则，再多的变化都不会离开语法的诠释，所以平化浮雕做法是装饰时，中国音腔技艺的标签，如果不能熟稔这样的精湛技巧，自创格局只会剩下无知而已。

两岸传统技艺传承与现代创新*

王庆台

海峡两岸在21世纪的今天，面对世界共同的冲击很多，其中文化、艺术环境朝向西化的情形下，我们不自觉地有了倾向西方艺术表现的认同的改变。今天由最基层教育内容，到整个艺术市场出现的主导，无不充斥着西方文艺强势的引导与操作，因此在两岸艺术的基本训练上，惊讶地发现我们居然完全没有文化基本教学概念，学子在文化熏染遇上的思想、技艺、创新，已走在脱离中国文化路径上的现象，这是不可能再有机会回头，去认识母体文化的可能，也就更不用奢望有人能从传统文化艺术中找到能再出发的机会。

面对这些问题我们必须冷静省思。有一句成语“不学无术”，我们重新去认识清楚，这句都说是骂人的话，但其中包括了多少警惕在内，也就是说一门没有“学理”作为依据，这种“技术”的生产，哪可能会有正确的方向。

艺术今天已成为检视国力的另一种指标，因为这对生活可见的影响，是“后百业而盛”，但必定是“先百业而衰”的产业。艺术是温饱后为求得精神上的需求，才能在文化特征上显现出特色，所以中国水墨画不同于西方的表现形式，就是材料、技巧、思想的不同，才会孕育出地域上的文化特质。在这个说法的思考下，让我们重新检视艺术教育政策，两岸都未见有着明确的引导架构与方法，这说明了传递通道必然会出现问题，因为连如何迈出的第一步都不懂，要再谈其他那就是自欺欺人了，因为这真的是掉进了“不学无术”的困境。

我们来谈什么是“技术”的好坏。“好”与“坏”之间所生出的“对”与“错”，又如何做出明确的区分，到如今都没有一套教育方式的教育体系，就像不做水渠引水灌溉，只待老天下雨给的湿润，才在最后见到有所收成，从而感激上苍给这块大地的滋润，对这样的成果都称是“天神”的创作。这种循环不断下的歌颂，只期待的是所谓毫不相关的“异术”，因为两岸对“异术”的观念，就是在寻找“有着”不同，而不是“技艺创作”表现内容的再造，所以让我们从这几个关键特点，来谈中国的“技艺”“工艺”“传承”与“创新”。

一、技艺

“错把技术当学术、误把过程当目的”，是我一辈子在大学任教，在课堂上一再重复给学生的呼吁，因为技术学习只是“操作技艺”演练的熟悉，做得再好也不过是“技术纯

* 基金项目：2018年度国家社科基金重大专项项目“台湾古建装饰艺术的抢救、保护与传承研究”（项目编号：2018VJX061）阶段性成果。

熟”，所以大学中授课的技术学习，是要让从事艺术的学生，能有着灵活操作技巧的工具，如果没有再往上一层文化轮廓和真正感受的情怀认知，哪会有心中油然而生的感触。随便捏个题目说这是“乡愁”、那是“悸动”，这种不识愁滋味为赋新词强说愁，就是无知下的为类似的“感觉”而“自欺”，这只会是一隅下的“井底之蛙”，出现这种下场的悲哀，就是没有方向的无知与盲目。

两岸在教学体系内犯下的错误，是把自身学习的“场域”，当成了“传道授业”，但“解不了惑”的也就是“学校”，工艺“职场”是有着就业所需的技艺训练场所，而所谓的大学也是“就业所需”的技艺训练场所，只不过挂上了一个“冠冕堂皇”艺术的假象而已。因此，所学无用下见到的只是不正常引导下的浪费，就是没有市场所需下的“文化”假需求。这就是“误把过程当目的”见到的下场，因为“艺术是思想传达”下的技艺表达“工具”，不该是自我膨胀下的“虚名”假象。

“错把技术当学术”最常听到的几句话，就是“灵感”“感觉”的阴影代称，这个像今天“吸毒”一样麻痹的字眼，几乎成了艺术学院学生随时都能听到朗朗上口的“符咒”。产生这种情况的主要原因是，在各种环境中都相信“学艺术”不需要“学理”，只要能操作就可以学好，所以从小就把人文素养的学习全放弃，这辈子只有“常识”没有“知识”，脑子里只有“技术”没有“学术”，连个文化启头的三皇五帝，都当成了“三只黄狗”“五个弟弟”，这种情况下做出的东西，再冠上一个堂皇的名称“抽象”，就把不懂的“抽掉”，把“不像”的留下，那不就是一团“什么都不是”的一堆东西。原来他们要的就是这个结果，因为都“看不懂是个什么东西”，所以就称为“艺术”，但这个名词写错了一个字，应该写成“异术”。

为什么会走到这样的凄惨下场，就是都想“心中有得”，但贫乏的“无法有得”，因为艺术少去了，历史人文眼界的丰富，这缺失的一角就是文化该给的熏陶，所以两岸学艺术的共同说法，就是多画、多作，做多了自然就会的论调。“胸有成竹”少去的是历史“轮廓的认识”，所以就当然不知道自己是个“什么东西”，教育无感受、导引无走向、学习无教材、文化无方向，技艺迷恋塞给学生学习的技巧“鸩毒”，从没有能力教他们使用技巧，去开启隐藏在文化中的窗棂，推开窗户看看窗外的世界，也就是入门到毕业后，都说我有着某某学校的“疯格”，不是吗？

《营造法式》中对技艺的记载，虽说只是四个等第15个字，但这都是古语中所说的技巧，其中有着共同的制作基底，“剔地”“压地”“减地”的真正意义，能懂的人太少，所以技艺的理论如何说明，中国技艺有着他一贯的特色，就要从总体工艺的运用来说起了。

二、工艺

传统文化在艺术上表现的面貌很多，是不同材料制作技艺上的呈现。用市场的销售行情，端视当时环境中的需求而定，不同生活的工艺制作，都会在日常生活中见到消长，如能长远保持技艺的不坠，就说明这门工艺对人们的生活有着极其重要的影响，所以历史上能见到长久不衰的行业。对生活有着深刻的、不能缺的影响，就成了今天我们所要保存有形、无形的文化资产了。

世界文明进展的过程中，新观念、新材料的运用与日俱增，其中对世界有着巨大影响的莫过于生活空间运用的改变，这伴随着经济交往、都会空间的营造、土地价值的升扬而改变，也因金融集中运用改变了以往生活模式。这种新环境带来的空间转移，摩天大楼替代了传统聚落，也就说明了中国传统建筑模式在迎接新世界次序的到来，已注定了要走入历史幕后消失，所以中国传统建筑的存在，今将不再是往下生活中的、可以再接触得到的空间，而会转成文化特征仪节性建筑物存在。这由上古至今所经历的艺术创作，不论是建筑技艺或是装饰技巧，也都会随着新世代文化脚步，永远走进世界历史、中国文明的幕后。我们此刻不禁要问，站在历史肩头上面对着这即将拉下的帘幕，我们曾拥有的生活中的传统建筑与工艺，此刻我们能为中国传统文化已有的特征，做些什么承上启下的准备？

建筑装饰是文化艺术落实在生活、美术工艺中最直接的表现。在建筑材料运用的分类上，有石雕、木雕、交趾、泥塑、剪黏与彩绘，这些技艺都有着久远的传承与变化，是文化在生活中透过这种技艺，忠实地把文化反应在生活中的印迹记录下来，这也就是中华文化的生活空间，最自然的艺术“特征”的表现。

这种属于民族文化艺术的“语法”，就因为和西方艺术买卖市场上，有着区隔下的不同，就完全地被抹去它的艺术价值，那故宫博物院中的书画、铜器玉器、定汝窑中的瓷器，为什么有着这么高的“价格”？都说那是因为“文化艺术价值”的不菲。

小臣艅犀牛尊是美国旧金山亚洲艺术博物馆的镇馆之宝，现藏于纽约大都会博物馆的皇帝礼佛图、堪萨斯纳尔逊的皇后礼佛图，台北故宫博物院中翠玉白菜，哪一件不都是用当时的工艺制作而成，这些文化产物都是有着传统的雕塑技艺和艺术传承的作品。这些流传下来的雕刻技艺，就记载在宋代《营造法式》卷三石作制度内，这就是宋之前中国的工艺制作，被忠实保留下来的文字记载。可惜的是，这些技艺变化的古文叙述，会技艺的不读书的人，没有人看得懂；会读书的人没兴趣看，也看不懂。在浩瀚的历史长廊中，中国工艺的技艺传承不绝，因为这是职场上谋生的技艺，所以就在建筑装饰中走向下流，也就因为“技艺”靠的是手巧，读书靠的是心窍，在千年伏流中把“技巧”给保存了下来。

今天要保存传统工艺的同时，为什么我们决定选择建筑装饰中的工艺，那是因为这类制作有着规矩以外的严格规范，这些画面的构成有着传统书画在书的构图，这些题材有着文化的典故，这些一再出现，说明了建筑装饰见到的复杂性，会是所有技艺运用的源头。

三、传承

传统技艺传承的架构，是一个不同于今天体制内的教学结构，它是一个有着体系的职场教学。因为职场上的学习与制作，不会是正规艺术教学内会接触的领域，所以要做到传统民间技艺的承传，就要把技艺体系的轮廓认知清楚，否则从职场系统中走向正规教学的嫁接，最后成果呈现也必须有与职场上相同的成果价值，否则就不必大费周章的走这么一遭了。

职场上技艺传承目前最大的问题是文化艺术体系对职场的不熟悉，因此在技艺资料、特征研究全无的困窘下，就连基本引导材料都做不出来，这种情况下如何能给学子做出引导，所以必然要先认识问题症结所在，先解决这个入门的难题后，才能有信念在计划提出后，才有着执行的可能。

在台湾的教学，我花了 50 年的时间。由最基础的职场学习入手，随着我在艺专雕塑科木雕老师黄龟理先生学习传统建筑木雕开始，因兴趣便投入这块领域，做资料、技艺、图稿的探索与研究。1971 年后开始收集建筑田野调查的资料，这些资料的累积与建筑古文献阅读，让闽台建筑工艺在生活中所见的创作，找到了文化在底层传递的伏流路线，这些由传统书画再走出的新构图，给了建筑工艺新生命诠释，让日后黄龟理先生因其技艺的精湛，而获得“重要民族艺术艺师”的特殊荣衔。

跟随老师习艺的过程中，技艺在重复制作下的每次体会，对传习架构也就逐渐有了清楚轮廓的浮现。1999 年任职校长时向教育管理部门提出设立传统技艺传习系所，也因社会对古建修复频频出错的指责下，教育管理部门从文化培育专材的角度考量，正式核准设系并于 2001 年正式招生。

这是一个前所未见的新教学架构，我把 30 年的研究积累，给这个体系铺下了一个可行的架构，采用了避开只由技术教学的缺点，改由学理引导教学的双轨走向。在大学部的后两年交由匠师，以实物直接做出建筑制作的引导，所以前 30 年的研究也给了教学所需，建立了步骤进阶的教材引导，把深层理论介绍的内容，留给研究所学生进一步的认识与学习。

这样的教学设计在我离退前运行一直无碍，但我离退后的理论教学，因占缺者无技艺能力，不该接手抢课造成混乱，所以只能篡改我原订的计划，各人拥课自保，自此这个系所至今 5 年内已经走到了面目全非的情况。原因就是原先设立传习目标要避开的两大缺失纷纷出现，后继人放弃了理论教学，采取了现代技艺的蒙混，更引入不相干的建筑课程，这个为传承的初衷就此划下了句点。

这一近 50 年岁月付出的惨痛代价，至少证明了技艺传承，学术必然交织引导的重要性，这次传习的失败至少证明了“不学无术”下的技艺教学走不下去，“学理引导”偏废将会一无所知。这个眼前活生生失败的例子，也证明了中国传统技艺，不是“低人一等”的艺术制作，而是从未有人说明过的传统文化“学术价值”在文化特征上的特色。

原先工艺职场传递，本就是一个有着技术教导、生产学习、原理说明的地方。换而言之，职场的习艺也就是一个类似学校的架构，只不过学习功能是在工程中进行，所以昔日所谓的传习，是一种制度下的规范，约在三年四个月的时间内，可以把技艺的学习完成，这是南系传统技艺教学下，全职学习的最少时程。

习艺完成后的工班投入，或是自立门户的承接工作，都视市场上的需求而定，所以在进入职场前的习艺阶段，如何能保有真正的传习，已是现今环境再也做不到的事情，造成这种困难的原因有三：一是习艺的环境已改；二是职场的就业不在；三是技艺理论的失传。

“习艺的环境已改”的说法，是今天并没有一个制度下的“传习中心”，也就是说没有可以执行教学的单位，这中心要具备的教学条件，事实上就等同于一个大学里的系所，要有师资员额、教学设备、教学教材、实习材料、经费预算、论文丛书、教学管理，这种专门技艺的传习，不是简单的一个示范就能说得清楚，这是要有着大学系所的教学规范，才能循序渐进达到技艺传递的目的，以下分项做出说明。

“师资员额”的人力分配，是必需聘任足够的不同技艺承袭的教师，没有专任教学的师资投入，就不会有可预期的成果产出，所以教学必要的分项下，需有理论、图稿、技艺三类架构的存在。理论分传统建筑理论与工艺理论两种；图稿分书画稿和工艺稿两种内容；技艺分木雕、交趾、剪黏、彩绘四种，其中木雕替代石雕的学习，是因为构图、技艺都是一体，只在材料运用上的不同差别，所以师资的名额就是一个大学的架构。

“教学设备”的确立，必然要有实习制作教室木雕四间、剪黏一间、彩绘一间、交趾一间，学科视听教室一间、计算机教学教室一间、窑场一间、展出场一间、一般用途教室一间、储存空间一间、行政办公室一间，这是采教学必需的基本设施，是教学执行的基础空间需求。

“教学教材”没有的情况下，必须为传习建立循序渐进的各级教材，这个架构的确立才能保证学习最后的成果，所以设立之初的前两年的筹备，与招生准备一样是一件大事。授课的内容分级、学习成果的衔接、不同科目间的技艺交叉运用，除了前两年的基础学习外，都要在第三年及第四年产生成果，这是教材确立后执行上的分段、分科架构。

“经费预算”依一般大学系所年度经费编列，应有行政费、图仪费、材料费、差旅费、杂项费用等，这些费用的编列效用，主要的目的就是要维持技艺传习上的所需费用，所以这个经费预算所支撑的架构，就是传习中心能否存在支撑。

“国家数据库”的成立，是中心必须有的架构。福建地区的田野调查，南系古建分类的资料收集研究，是这个数据库必然要做到的第一要务。这些可再触及的各地建筑物特色、早期南方各地会馆的调查登录，更是一项现在不做就会遗憾的事情。这是中国建立的民间工艺，其实是传统文化与生活结合，在民间数千年的制作保存，如果没有这些数据库的建立，传习的出处又从何说起，如何承继传递。

“论文丛书”分专业理论出版和资料调查报告出版两大类。专业理论的出版是要为技艺表现特征做出说明，可以见到技巧、图稿、构图、分类、架构、典故、材料、题材、装饰、位置、造样等不同的论述，这些细分下的详尽解析，才能把现象上见到的不同，分门别类地做出比较，只有这种研究报告才能给千年传递上出现的差异，做出可以信服的说明。资料调查报告是存在的资料整理，基本上是仿制《营造法式》的明词、功限、料例、图纸四部分，让这个体系在民间出现的材料，能有上追体系架构的连接，其目的不但是可以为数据库建立基础，也能丰富教学教材，期冀在充分的数据下能给每一样每一类，找到可信赖传承的依据。

面对今天一般学校教学架构，要将传统技艺教学转入大学体制内保存，不但要完成技艺传授，更要建立新教学下的体制，这是我国在为传统文化传递，是此刻必须也是最重要的创新教学体系，这会是传统技艺保存，面对未来将要失去传统技艺，最后一次保住传统技艺的机会，所以以下的三个重点是传承上，必须重视的要项。

（一）学术化研究

传统技艺都在民间师徒之间传授，这是职场以外学术体系所不能触及的一块区域，在建筑技术、材料转型更新的今天，传统建筑物除了有必要保存的条件外，都不会有再建设兴起的机会。因此，依附在建筑物上，所产出的装饰制作，也将因职场的消失而没落，其技艺在历史演变中出现的匠师经验，都会是传统工艺的精要内容。因此，如何借用台湾的教学架构经验，转移福建再做出学术深化研究的接续，这样的接续不但能为传统技艺，留下南系史料研究资料，也能给传统技艺的特色，找到历史上文化的定位。

（二）体系化教学

匠师传艺都在职场中的实物制作，虽说匠师的传授各有不同方法，但技艺特征在一定过程中，都能见到固定的学习步骤与路径。台湾在大学中所建立的技艺理论体系，可为教学模式的转移运用，因此如何将福建现有的资料重新检视，加入这个已见功效的运作中，不用再另起炉灶，将会是技艺传承上可以预期见到的未来。

（三）数据库记录的建立

认识传统的书画艺术不难，但要看懂传统工艺的精彩，就是要有深度解说才能登堂入室。住屋是人们日常活动的重心，每栋建筑物都有着不同的匠师装饰做法，所以如何将这些精彩文化的内容收集，建立一个有精致内容的数据库，是建立系统学术研究，也是体系教学上不能或缺的重要一环。

四、现代创新

今天最常听到的说法就是“创新”，这种着模糊不清的定义下，给了“不同”就是创出“新”的诠释，也让一般人以为“创作”结合“新颖”，就是“不同”于以往的制作。当一般人把对日用产品的解释，安置在“文化”工艺上的套用时，就会见到在不了解情况下的“全盘否定”，所以最后的结论就是做到“完全不一样”。这种歇斯底里的说法，让我们担心所谓的文化承传如何做起，认为“不一样”就是“创新”，这种不负责任的说法下，“传承”似乎在此就没有意义。因为传承是要将“特征”保存，让这些表面上看不见的条件，能在画面特征中保存下来，因为保存现有的画面，不是故步自封不做出改进，而是有没有能力从其中做出“超越现况”，发展出令人惊艳的新造样，这就是文化不断地在进步中，扮演着“同中求异”的差别，所以创新不该是全盘“否定过往”，那么另创再起的新创基础条件又在哪里？

我们之所以要从建筑类项做出保留，是因为这本就是个技艺基底文化的所在，不但是落实在生活建筑物空间中的特色，也有着各类不同技艺的表现特征，如材料运用、典故题材，由这些技艺再散布出去到最终的运用，就成了中国工艺日后见到的大宗，所以追根究底技艺的出处，就是《营造法式》所载的传统雕造技法。

总而言之，我们在讨论如何保存发扬的同时，回头看看传统文化艺术，教育上大方向出现的问题，是因为自古至今我们“错把技术当学术”“误把过程当目的”外，连自家技艺特征的基本体系都弄不清楚，更不用说能整理出一套真正能让技艺正确传递的教材，这个已是浮现出模糊不清的影子，让今天的我们听不清楚，这些学生嘟囔在喉头中的声音，因为可怜的传统即将失去，保存在建筑装饰中丰富的千年技法，因为传统建筑即将走进历史，在今天熄灯永远拉下帘幕。

闽台民间建筑工艺本为一体，如何在历史的关键时刻，保住这条即将撒手的命脉，就看建筑将不存危急的“天时”，闽台同为文化一体的“地利”，剩下的就是历史抢救眼光的“人和”了。

隐藏在两岸建筑装饰艺术中的民族文化认同*

李致伟

我国传统建筑装饰艺术，主要是以富有民族精神、传统文化内涵的文化符号来装饰建筑，起到美化建筑视觉效果的作用。传统建筑内的装饰图案内容大都十分的简洁，为那些稍微有点传统文化基础的人理解图案内容提供了方便。像那些端坐在建筑屋顶的鸱吻、安置在屋脊上的走兽，还有那些装饰在建筑主体上的壁画、石雕、木雕、砖雕等部件，均是传统文化在建筑物上的体现。

一、建筑装饰艺术中传达的文化语言

中国传统文化的内容丰富，我们祖先习惯将族人对世界的认知以符号化的形式记录在于人们生活相关的物品上，比如帝王衮服上装饰的山川日月星辰，又如商周时期青铜器上的铭文等。因为建筑与人们的日常生活息息相关，所以许多传统文化的内容也被人们以符号化的形式装饰到了建筑上。用于建筑装饰上的内容，多是我们族人对普世价值认知的凝练（包括了我们民族的信仰、风土人情、吉祥寓意、道德观念、人生追求等信息），人们希望通过建筑能将这些民族文化认知融入子孙后代的生活中，来影响、约束每个人的日常生活，实现社会文化教育与文化传承的作用。因为建筑功用的不同，所以我们在祠堂、私塾中能常见到“二十四孝”的装饰主题；在民间家宅上能常见到吉祥装饰的图案或纹饰；而在宫庙里常见的则是神仙神兽的图案主题等，这些建筑装饰如同教科书一般影响着世世代代的中华儿女，成为我们民族文化民间传承的最重要的教育方式之一。

总的来说，传统建筑上的装饰图案内容丰富，包括了以下一些主要方向：①代表中国人一生最高夙愿的“福禄寿”；②追求“平安、吉祥”的美好期盼；③中华民族的哲学思想、审美标准；④民族民间的图腾纹样；⑤民族精神；⑥上古圣贤先王的事迹；⑦对传统劳动方式的歌颂；⑧对为人处世之道的倡导；⑨耳熟能详的民间故事、历史故事；⑩传统宗教的信仰与宗教故事等内容，这些内容是对自中华上古文明开始至今，所有能让我们族人获得文化认同内容的浓缩。

二、宫庙建筑装饰的部位

宫庙是福建与台湾两地民众普遍认知的传统筑形式，其建筑内的装饰精美华丽，在两

* 基金项目：2018 年度国家社科基金重大专项项目“台湾古建装饰艺术的抢救、保护与传承研究”（项目编号：2018VJX061）阶段性成果。

作者简介：李致伟，福建师范大学海峡两岸文化发展协同创新中心助理研究员。

岸民众心中有着很高的认知度。宫庙的装饰之所以精美，是因为其修建资金均来自民间捐助，为了体现神明的神威同时也为了让虔诚的信徒满意，宫庙建筑都要比一般建筑来得豪华，能装饰的地方都尽量装饰，因此可以说两岸宫庙中的装饰艺术基本代表了当时当地最高的工艺水准。

台湾的建筑装饰工艺源自大陆，因此台湾在宫庙装饰的部位以及装饰方法上与大陆同宗。不过虽然石雕、木雕、砖雕、彩绘、交趾、剪黏等多种材料都可以用于宫庙的装饰，但在哪些部位可以装饰哪些材料，两岸间有着约定俗成的规矩。

（一）屋顶

宫庙屋顶的脊背以及摆头①是常做装饰的地方，常使用剪黏②与交趾陶来进行装饰。屋顶是高高在上的方位，是只有神明与神兽才能够够及的地方，因此这里的装饰基本都是以神仙与神兽为题材。由于屋顶受到沉重量的限制，加上常年会受到风雨侵蚀的制约，所以屋顶装饰的材质选择上一般不使用石料与木料，以剪黏以及着彩的交趾陶来进行装饰成为普遍的选择。

（二）水车堵

水车堵是屋檐下方与墙交接处的一条带状装饰区域。这块区域的光线较暗，因此主要使用雕塑来进行装饰，材料以石雕与交趾陶进行的情况比较多见。装饰内容以民间神话、小说著名桥段或吉祥图案为主。

（三）神殿内

神殿内的藻井、金瓜柱、雀替、梁枋、墙壁、柱础均是可装饰的部位。藻井、金瓜柱、雀替、梁枋为木雕装饰，金瓜柱的造型多样，其中又以雕刻成金瓜座、狮座、象座、豺座居多，也有凤座、金蟾、兔子等造型；墙壁上多以壁画，石雕、砖雕进行装饰；柱础均为石雕。

（四）三川门

三川门是宫庙建筑的门面，也是整座宫庙装饰艺术中最为华丽的部分。三川门成“门”字形，主要以全石雕进行装饰的情况最为常见，自上而下分为五个部分，分别称作顶堵、身堵（窗堵）、腰堵、裙堵、脚堵（柜台脚）。三川门的侧面两边称作龙虎堵，以石雕为主要装饰，由于三川门的成本造价高，在一些条件不足的宫庙，也见有用砖雕代替石雕的情况，不过石雕是绝对的主流；三川门建筑前后两面的柱子均为石柱，常见有龙柱、花鸟柱、人物柱三种类型；连接龙柱与三川门主体的是穿枋（台湾叫员光），以木雕进行装饰，条件不足是改为彩绘；大门两边装饰有石狮或石鼓一对；门簪大部分也有装饰，以石雕与木雕为主。

① 摆头是位于三川门正面垂脊前端的立面部分，因为有摆在前头的意思，故被俗称为摆头。

② 剪黏在大陆被称为剪瓷雕。

三、宫庙建筑装饰内容的表达

如今去宫庙参拜的人们，绝大多数都只为了获得神明的庇佑，那些华丽的建筑装饰内容往往因为大家习以为常而被人们“视而不见”，久而久之，大部分人已经开始看不懂宫庙装饰艺术所表达的内容了。宫庙建筑的装饰内容主要反映的是与信仰文化一脉相承的中国传统文化，不过每个神庙由于其供奉的神明不同，内容上也有一些自身的特点体现。

台湾宫庙的建筑样式属于南系建筑，延续了闽南民居的建筑风格，最基础的建筑布局由门庭建筑与后殿建筑两个部分组成。位于宫庙前边的建筑是一座开有三个门的建筑，被称作“三川门①”，三川门有许多华丽的装饰但没有供奉神明，神像都供奉三川门后方的建筑里。因为每座神庙供奉不同神明的缘故，所以不同庙宇后殿的建筑装饰存在着一些个性化的装饰，比如供奉妈祖的宫庙一般都配以“千里眼”与“顺风耳”，而在殿内的石雕或木雕主题的选择上会出现与神明相关的故事内容。除此之外，各地的宫庙的装饰内容都存在着共通点。

虽然宫庙信仰文化源自汉族文化，但也并非所有与传统文化相关的东西都能上墙，宫庙中的装饰内容必须是十分凝练的，具有民族文化认同的传统文化精华，同时还必须具有通俗易懂的特点。因为只有这样，建筑才能承担起最基础的民族文化认同教育任务。

传统建筑装饰艺术中的两个方面的内容，对民族文化认同的延续起到了很大的贡献：一是雕刻技法；二是装饰图稿。

首先，在雕刻技法上。早在一千多年前的宋代，我国就为建筑工程的施工与规范制定了官方标准。宋崇宁二年（1103 年）《营造法式》一书的出版，奠定了千年间中国传统建筑艺术的技法标准，虽然后世的工艺发展以及社会审美的变迁，对一些工艺做法有些改动与影响，但都没有从根本上改变此书在建筑工艺领域内奠定的话语权。在建筑装饰方面，书中对雕刻技法做了四种规定总结，“雕镌制度有四等，一曰剔地起突，二曰压地隐起华，三曰减地平钑，四曰素平”。自明清以来，台湾宫庙的建筑匠师在装饰宫庙时，依然一直延续着《营造法式》雕刻技法的传统要求。以三川门为例，正面门两侧的腰堵以上的装饰，基本都是用剔地起突的技法来进行装饰；裙堵于脚堵基本是用压地引起华的方法；而在身、裙堵的边框以及中心腰堵，则是用减地平及的技法。虽然百年来人类在科技领域内已获得了飞速的发展，台湾的制造业在这百年里也毫无例外地深受西方以及日本的工艺的影响，但可喜的是在宫庙装饰艺术领域内，传统技法至今依然保持着话语权，传承了千年之久的雕刻技法、规则以及术语一直没有改变。正是得益于这些工艺规矩的延续，才使得如今台湾宫庙的中国味十足，能从根本上唤起两岸民众共同的文化认同。

其次，在文化认同方面起到很大贡献的地方是在图稿内容表达上。中华文明的表达，最初就是建立在先祖们对自然进行图案化寓意描述的基础上。伏羲用长、短线条（图案）来表述阴与阳，寓意世间存在有对立面事物这个抽象的概念，然后又通过组合长短线形成

① 所谓的三川门，指的是南方宫庙主体建筑的第一栋建筑，其出入口越多代表宫庙内供奉的神明的神格越高。过去民间说法是神明及帝可开五门，将帅王爷开三门，不过不论是开三门或五门，人们把中间的主要出入口都称为“三川门”或“五门”或“中门”。后来民间将此类建筑泛称为“三川门”。“川”是“穿”的谐音字，“三川门”即穿过三个门意思，同时这种建筑的三扇门在视觉效果上也如同一个“川”字。

新图案的方式，表述了太阴、太阳、少阴、少阳这是个概念，衍生出方位、季节、四原色、神兽、星宿等诸多抽象的认知，再进一步衍生出八卦，赋予了符号更多寓意，来解释世间万物的联系，形成了中国哲学的开端。中国文化便是建立在人们对图案赋予寓意的基础之上。在此之后，中国文字形成也是如此，最初的中国文字便是一种能获得广泛认同意思并一目了然的形象化图案。随着我们民民族文明的发展，文化的内涵也在不断地丰富与深化，但是用简洁明了的方式来解释内容的习惯却从没改变过，就像后来成语的出现便是对一些耳熟能详的故事的精炼总结。用图案的寓意来表述意思的方式，在传统的装饰图稿中表现得尤为突出，具有简洁明了、通俗易懂的特点。比如说三川门正面窗棂是大门方向最显眼的地方，窗棂上的装饰图案常常用螭龙纹装饰，不论是螭龙纹是硬身螭龙纹还是软身螭龙纹，都是由几条龙盘绕成鼎状的模样，龙是民族的图腾，鼎是祭祀的器皿，两个各自具有代表意义的图案集合在一起让人一目了然地明白这个建筑是中国人的祭祀建筑。

总的来说，在我们族人间能获得最广泛的文化认同的内容主要表现在以下几个方面：

（1）中国人一辈子最高的追求便是向往获得“福禄寿”。最早这种概念出自“华封三祝”，形成于上古尧帝时期，《庄子 · 天地》说道：“尧观乎华。华封人曰：请祝圣人，使圣人富，使圣人寿，使圣人多男子。”华州人对上古贤者唐尧的三个美好祝愿，便是富足、长寿、多子孙，也便是我们现在常说的“三多”。“福禄寿”这一愿望后面扩展到了“福禄寿喜财”，不过“福禄寿”还是代代中国人最根本的夙愿，不论是官家贵族还是民间百姓，是全民族共同的文化认同。所以自古开始我们族人便大量地将此夙愿做成画稿，融入人们的生活中，也是建筑装饰中最常见的图案。三多这个主题图稿有很多组合方式，建筑中最常见的是用“佛手瓜、寿桃、石榴”来组合成图案，佛手表示多福、寿桃表示多寿、石榴寓意子孙多。也有用文字变形成图案的，还有很多的是用“福禄寿”的谐音字或有此寓意的图案来代替组合形成画面。比如常见“福”，除了用佛手瓜外还有用蝙蝠来代表的，“蝠”与“福”谐音；“禄”最常见的是用鹿来表示，因为“禄”通“鹿”；“寿”用松、寿石、蝴蝶（耄耋）等图案来表示的颇多。

（2）美德标准。“忠、孝、节、义”是我们民族的传统美德，为了教育子孙后人，这四字美德也是建筑装饰艺术中最常见的主题内容。比如常见的表现图稿有“忠”：关公护嫂，孟母教子；“孝”：二十四孝故事；“节”：苏武牧羊；“义”：桃园结义等。另外，表现四爱的花卉稿是建筑装饰艺术中的常客，常被放置在主题稿周围填补空白。

（3）神话与小说故事。这类的装饰图稿主要取材于民间耳熟能详的戏剧桥段或小说章节，比如《封神演义》中的“三姑祭拜黄河阵”，《三国演义》的“空城计”，“三英战吕布”等。也有把故事画稿转变为花鸟画稿的，其中最出名的当属《三国演义》中“英雄夺锦[①]”这个图稿了，民间匠师把“英雄夺锦”谐音后用“老鹰、狗熊、锦鸡、茶花”组合而成，创造了一个花鸟画稿。

（4）神仙圣贤。宫庙建筑艺术画稿中神仙相关的图稿非常多，比如八仙、东王公西王母、麻姑献寿、东方朔偷桃都是常见主题；而在圣贤故事方面，因为大禹治水时定下龙门，所以在三川门龙堵以及龙柱脚上常见有“禹门”的雕刻；反映古代君王求贤主题也是常见

① 《三国演义》第56回曹操在铜雀台前以锦袍为礼，让武将比试武艺的一段故事。

的雕刻稿，比如“商汤拜伊尹”“渭水访贤”“萧何追韩信”“三顾茅庐”等。

（5）图腾。这类图稿多是吉瑞图稿。比如三川门的正面裙堵上常见“麒麟”图，另外三王图，狮炉象果图，河图洛书图等图腾图稿都比较常见。

（6）吉祥话语。我们中国常有祝福类的吉祥话语，匠师们根据其谐音做成图稿数量最多。比如“祈求吉庆”用旗、球、戟、磬来组合；“马上封侯”用猴子骑在马背上捅蜂窝的形象表现；“功名高举”表现为啼鸣的公鸡高举鸡冠；“喜上眉梢”是喜鹊站在梅花末梢的图稿等。

台湾的宫庙信仰文化是台湾地区与祖国传统文化联系最为紧密的一个部分。宫庙中所用的每一副装饰图稿都有着属于自己的文化背景作为支撑，这些故事背景均是我们民族文化最基础的文化认同的经典。由于宫庙信仰受众面广，不分年龄层与教育程度的缘故，自古以来一直承担着中国传统文化的社会教育作用。在传统文化逐渐弱化的今天，更需要我们两岸年轻人深入了解传统建筑装饰所传达的内容，为中华文化在两岸的传承与发展做出贡献。

台湾绘本创意传播经验对大陆绘本界的启示*

尚光一

绘本一词源自日文，英文称为 picture books，因而也被俗称为图画书。一般而言，绘本被界定为配有少量文字、主要通过图画来表达思想、阐释故事的书籍。追溯绘本的源头，其最早萌芽于带插图的图书。其中，1658 年捷克学者扬·阿姆斯·夸美纽斯出版的《世界图绘》，被业界认为是欧洲最早出现的配有插图的儿童读物，是绘本的雏形与前身。此后，欧美涌现出了一批经典绘本，例如，《彼得兔的故事》《10 万只猫》《逃家小兔》《爱心树》《好饿的毛毛虫》《活了 100 万次的猫》《獾的礼物》等绘本佳作，在全球产生了广泛影响。

一、两岸绘本的发展脉络与特点比较

大陆真正意义上的绘本，起步较晚，是由漫画书、连环画等发展而来。不过，与漫画书、连环画注重故事完整性，强调经由人物对话、场景表现来叙述情节、刻画角色不同，绘本这一表现形式打破了传统表达方式的窠臼，以更随意、更跳跃的思绪抒发来勾勒故事概貌，从而引发读者的个体思考与差异化想象，并通过读者“脑补”来建构个性化的阅读体验。近年来，为了抵抗欧美绘本、日本绘本的冲击，彰显自身特色，大陆一些绘本画家开始进行绘本的本土化创作尝试，创作“中国风”绘本成为大陆绘本界的潮流。例如，《火焰》(2006)、《荷花镇的早市》(2006)、《一园青菜成了精》(2008)、《桃花源的故事》(2017)、《老虎外婆》(2017) 等，都展现出浓厚的传统文化与乡土气息。在表现手法上，这些绘本采用了水墨画、民间剪纸、京剧脸谱等传统艺术形式；在主题策划上，这些绘本力图讲述地域童年故事，重点展现民间文化、风俗、节日、地方故事等。特别是，2008 年以后，蔡皋以中国民间故事为素材，创作出一系列表现传统文化内涵的绘本，例如，《孟姜女》《花木兰》《三个和尚》等。

与大陆不同，台湾绘本受到赤羽末吉、松居直、高木直子等日本绘本画家的影响，20 世纪 60 年代后期就已经发轫，20 世纪 80 年代后则进入了繁荣期，涌现出《早起的一天》(赖马)、《皇帝与夜莺》(郝广才、王家珠)、《我变成一只喷火龙了》(赖马) 等优秀原创绘本，以及由信谊出版社出版的“图画书创作系列”“信谊幼儿文学奖系列丛书”、远流出版社出版的“世界绘本杰作选”、格林文化出版社出版的“大师名作绘本”“绘本莎士比

---

* 基金项目：国家社科基金青年项目“新形势下大陆出版传媒产品入台传播接受机制及策略研究”(17CXW003) 阶段性成果。

作者简介：尚光一 (1983—)，男，河南孟州人，文学博士，福建师范大学文化产业系副教授、硕士生导师，福建师范大学中华文学传承发展研究中心研究员，中国新闻出版研究院海峡分院特约研究员。研究方向为两岸文化创意产业合作。

亚”等系列绘本作品。其中，几米（廖福彬）作为20世纪90年代台湾地区最具代表性的绘本画家，所创作的绘本因抒发都市情愫、画面细腻、韵味隽永的特点而深受白领阶层欢迎，在两岸读者中都产生了热烈的反响。特别是，其创作的《向左走，向右走》《月亮忘记了》《我的心中每天开出一朵花》《地下铁》等成人绘本，被译成德文、日文、意大利文、希腊文等多种文字，获得广泛传播，绘本自身也得到比较充分的延伸开发，许多插图被印制在T恤、口袋书、笔记本、地铁票等各类延伸品上。

鉴于两岸绘本的不同演进脉络与发展差异，今后，为进一步提升大陆绘本的创意水平、增强大陆绘本的传播力，大陆绘本界有必要借鉴台湾绘本创意与开发中的有效做法，并分析其相关教训。

二、台湾绘本内容创意经验的启示

相较于大陆，因起步早、发展快，台湾绘本题材更为广泛，既有赖马的《早起的一天》《帕拉帕拉山的妖怪》等畅销儿童绘本，也有几米的《躲进世界的角落》、张妙如和徐玫怡的《交换日记》等热门成人绘本。其中，以传统文化题材为例，台湾绘本不仅涵盖民间故事、民间歌谣等常见主题，也囊括生态环境、历史地理、人文风物等丰富广泛的话题领域，例如“南瀛之美图画书系列”“田园之春丛书”等系列绘本，展示了台湾浓郁的地域风物世情。与之对照，在原创性方面，近年来，大陆绘本更多地偏重对传统文化资源的直接发掘，通过直接汲取皮影、水墨、剪纸、木雕、泥塑、版画、年画、京剧脸谱等传统文化元素来创作绘本。例如，熊晶和熊亮创作的绘本《兔儿爷》，以北京传统玩具兔儿爷的形象为主人公，介绍了北京传统的中秋节习俗。然而，相较于台湾绘本，大陆绘本在题材上显得不够丰富，特别是在成人绘本领域，大陆有着很大的市场潜力与可发掘空间。虽然，近年来，大陆绘本界也出现了一些面向成人阅读的绘本，例如，尹戈的《恋上我的毛》《她它他》等表达家人要互相关爱的绘本，慕容引刀的《让爱点亮》《被爱路过》等抒发日常点滴感想的绘本，钱海燕的《小女贼的细软》《小女贼的猫腻》等展现都市女性小情调的绘本。但整体而言，对照台湾，大陆成人绘本的题材主题不够丰富、目标受众也有着较大局限性。

鉴于此，为增强原创绘本的传播力，大陆绘本界有必要汲取台湾绘本发展中的相关经验，进一步提升绘本的创意水平、丰富绘本的内容题材。其中，就内容策划而言，大陆绘本有必要借鉴台湾绘本的创意经验，积极丰富绘本的表现主题与话题领域。特别是，大陆绘本界今后要努力创作具有广阔发展空间的成人绘本，正如曾在大陆出版《被遗忘的公主》《拇指男孩的日记》《爱丽丝梦游仙境》等作品的法国绘本画家海贝卡·朵特梅所指出的那样：“很多成年人喜欢绘本，却不好意思说出口。”① 同时，就文本的思想意蕴而言，台湾绘本很注重表达“幸福缘于生活中的点滴细节”，擅长用细腻的情愫与画风来表达“小确幸”思绪，这些策略和理念，很贴合当下在都市喧嚣中游走的白领阶层的审美趣味，而这一群体恰恰是成人绘本的主要目标受众，同时也是积极购买儿童绘本用以教育下一代的主

① 杨宝宝：《很多成年人喜欢绘本，却不好意思说出口》［EB/OL］.（2017-11-22）［2018-11-10］. https：//cul. qq. com/a/20171122/011729. htm.

要消费者。由此可见，台湾绘本界清晰的市场定位与相应的开发策略，很值得大陆绘本界在拓展市场时予以参考和借鉴。

三、台湾绘本阅读推广经验的启示

在世界范围内，当前民众阅读已进入了读图时代，图像日益成为人们在奔腾的信息河流中涉渡的思想浮桥，正如法国学者居伊·德波曾说道："在现代生产条件无所不在的社会，生活本身展现为景观（spectacles）的庞大堆聚。直接存在的一切全都转化为一个表象。"① 绘本正体现出一种个性化的自我意义寻绎的需要，无论是成人绘本还是儿童绘本，在淡化文字或无文字的情形下，阅读者在图像的交光互影中经由感悟实现了个体生命向度的跃进。尤其是，儿童绘本改变了传统的个体阅读方式，通过绘本共读的形式进行演进，在人际关系渐次疏离、异化的后现代社会中营造了宝贵的亲子时光。

鉴于此，台湾绘本界在阅读推广中的众多做法，无论是逆向营销、饥饿营销，还是笔记本、地铁票等绘本延伸品的开发推广，都为大陆绘本界提供了良好示范，值得大陆绘本界认真借鉴。特别是，近年来，台湾绘本界在营造良好的亲子共读氛围与空间方面积累了许多宝贵经验，有着鲜明的现实参考价值。无论是在城市中广泛设置诚品书店童书馆、礼筑外文书店、奥莉薇绘本馆、信谊亲子游戏书房、花栗鼠绘本馆、小房子书铺等各类绘本馆，还是积极推出《小鱼散步》（陈致元）、《米米爱模仿》（周逸芬）、《熊爸爸去另一个城市工作》（陈致元）、《我的错都是大人的错》（几米）等贴合亲子共读的典范绘本，抑或是开展"行动图书车"等儿童绘本阅读推广活动，其中所积累的有效做法与推广经验，大陆绘本界在纸质阅读日渐式微的背景下有必要予以认真汲取。可以说，儿童绘本不仅是送给儿童的图像故事，也是亲子共度的美好时光，更是满足幼儿成长需求的教育载体，而台湾在儿童绘本阅读推广方面的众多做法，为大陆绘本界提供了良好示范。

四、台湾绘本延伸开发教训的启示

在借鉴台湾绘本创意开发中有效做法的同时，结合台湾相关失败案例进行分析却也发现，在提升绘本传播力的举措方面，绘本其实并不适合影音形式的延伸开发。究其原因，一方面，绘本作为经由图像传递"言外之意"而淡化文字意义传达的信息载体，其侧重于以图画来表达"味外之旨"与"韵外之致"，然而这种力图"不落言筌""不立文字、以心传心"的特点，并不适合朗读产品等音频形式的延伸开发。例如，经检索相关音频平台，订阅数居前的《世界经典获奖绘本故事》《小豆丁讲绘本》《火火兔讲绘本》等产品，实际上都只是单纯的朗读故事，没有画面的呈现，只有情节的演绎，本质上已与绘本所应蕴含的特质无关。另一方面，绘本的特点是通过静态画面来表现含蓄隽永的韵味，这一特性也决定了其不适合延伸开发为动画、影视等视频形式。虽然，绘本中的故事情节可经由影像来表现，例如，台湾绘本作家几米的绘本《向左走，向右走》已开发为梁咏琪、金城武领衔主演的同名电影和陆毅、贾静雯主演的同名电视剧，但就本质而言，影视作品等延伸产品只是抽取绘本的情节来表演故事，更大程度上可以将其看作是一种再创作。事实上，这

① ［法］居伊·德波：《景观社会》，南京：南京大学出版社，2004 年。

些视频产品，借助的仅是绘本的“粉丝效应”与梗概脉络，其美学内涵已与绘本本身所无法切割的审美意蕴无关。

因此，未来绘本可能是纸质阅读王国中最后一座温暖而小巧的堡垒，可能是数字化寒潮过后、在荒凉的纸质阅读世界中的孤独存在，需要业界与读者共同呵护。

五、结论

大陆真正意义上的绘本，起步较晚，系由漫画书、连环画等发展而来。近年来，为了抵抗欧美绘本、日本绘本的冲击，彰显自身特色，创作“中国风”绘本成为大陆绘本界的潮流，并涌现了一批获得读者好评与市场认可的绘本精品。今后，为进一步提升大陆绘本的创意水平、增强大陆绘本的传播力，大陆绘本界有必要借鉴台湾绘本创意开发中的有效做法，并分析其相关教训。具体而言，内容创意方面，大陆绘本有必要借鉴台湾绘本的创意经验，积极丰富绘本的表现主题与话题领域，特别是要努力创作具有广阔发展空间的成人绘本。阅读推广方面，台湾绘本界的有效做法与推广经验，同样为大陆绘本界提供了良好示范，值得参考与借鉴。不过，在提升绘本传播力的延伸开发方面，结合台湾相关失败案例进行分析，也显示出绘本并不适合影音形式的延伸开发。

下编　中国文学与传统文化

乡土文学与左翼文学的接合：以鲁迅和杨逵的对照为切入点*

陈建芳

把鲁迅和杨逵这两位作家联系起来并不偶然。他们之间存在着许多若隐若现的关联。一是人生经历存在共同点，都有深刻的留日经验，这一经验都对他们各自的创作影响远大；他们在各自的文学活动生涯中都经历左翼文学思潮；都是乡土文学的代表作家。二是鲁迅和杨逵是影响者和被影响者关系。两人在现实人生中未曾谋面，但前者的文学影响到后者确有其事。例如，杨逵在其创办和主编的《台湾新文学》期刊中发表过一期悼念鲁迅专辑，尽管上面发表的悼念文章并非杨逵所写，因为当时他和叶陶双双卧床不起，编辑事务暂时交予台北的王诗琅代编。但作为期刊主编对这样的专辑安排和稿件选用肯定是知情和赞同的；又如，透过曾同情和救助过他的日本警察入田春彦的遗赠：改造版《大鲁迅全集》的阅读，而对鲁迅的创作和思想有了全面的了解和认识，直到1983年接受访谈时仍抑制不住如获至宝的欣喜之情；再如，在光复时期，为重建台湾文学，杨逵积极地宣传鲁迅思想。杨逵出版了中日文对照的《阿Q正传》，书前刊载他写的《鲁迅先生》一文，字里行间流露出对鲁迅深深的敬仰之情。[①] 除了这些显在的联系，这两位作家之间是否具有更潜在的关联呢？带着这样的问题，本文试图透过乡土文学和左翼文学接合的语境来对照鲁迅和杨逵的文学思想，从而窥探两岸现代文学发展轨迹和风貌之异同。

一、当“乡土文学”遇上“左翼文学”：两岸文学共同的经验

检视两岸现代文学发展的轨迹，不难发现，大陆和台湾的新文学运动都经历了先提倡乡土文学，然后再经历左翼文学兴起和发展这样一个共同的文学历史经验。究其原因，离不开世界性政治文化思潮和中国历史曲折变迁的影响。

乡土文学是“把焦点放在特定的地点，包括人物、方言、风俗、历史及地貌”，“所呈现出来就是一种具有地域主义或者地方色彩的文学”。[②] 中国现代文学发展过程中出现的乡土文学实际上是受到18世纪西方出现的新形态乡土文学的影响而发展起来。而这种新形态的乡土文学与浪漫主义的发展有极深的渊源：勃兰克斯（Georg Brandes，1842—1927）曾这样论述浪漫主义的特征：“最初，浪漫主义本质上只不过是文学中地方色彩的勇猛的辩护

---

* 基金项目：本文系国家社会科学基金青年项目“台湾新乡土小说研究”（项目编号：14CZW054）阶段性成果。
作者简介：陈建芳，文学博士，福建师范大学海峡两岸文化发展协同创新中心副研究员。

① 包恒新：《浅论杨逵与鲁迅》，《学习月刊》1987年第12期。

② 廖咸浩：《乡土文学的当代意义》，黄信彰编校：《日据时期台湾乡土文学的当代纪事》，台北市政府文化局出版，2012年，第20页。

土。”而“他们所谓的‘地方色彩’就是他乡异国、远古时代、生疏风土的一切特征”。[①] 这与同时期美国南北战争以后兴起的“乡土文学”的内涵特征不谋而合：“它着重描绘某一地区的特色，介绍其方言土语，社会风尚，民间传说，以及该地区的独特景色。”[②] 新形态乡土文学发展之后又推助了建构新民族国家的民族主义思潮的兴起发展。例如，19 世纪 70 年代德国和意大利的统一都受到这种思想文化潮流的推助和影响。对中国而言，现代史上的乡土文学兴起和发展有它的特殊背景，1840 年鸦片战争之后，物华天宝的古老中国进入了积贫积弱的近代，西方帝国主义挟坚船利炮令懦弱无能的清廷签订一系列丧权辱国的不平等条约，尤其是 1895 年中日甲午战争后签订《马关条约》将台湾割让，令台湾人民承受了半个世纪莫大的殖民创痛。割地赔款、压榨掠夺让中华民族飘摇欲坠。面对即将亡国灭种的时代危机，并受到“一战”后世界性民族主义潮流和俄国“十月革命”的影响，19 世纪末 20 世纪初，中国国内发生了一系列重大的政治思想文化改革和革命运动：戊戌变法、辛亥革命、五四运动等，这些革命运动都企图挽救民族于危难，建立独立民主自强的新国家。就在这样的历史背景下兴起了中国现代史上的乡土文学。周作人是最早提出“乡土文学”主张并对其概念进行厘定的理论家。他认为大力倡导“乡土文学”有三条理由：“五四”新文学运动是从国外引进的，要在本土土壤上扎根，就必然提倡乡土艺术；要克服思想大于形象的概念化弊病，就应当提倡乡土文学的地方色彩；要使中国新文学自立于世界文学之林，就必须发展本土文学，从乡土中展示民族特色。[③] 而台湾的历史遭际和祖国近现代历史命运血肉相连，台湾人民被亡族殖民的屈辱经验是中国近现代以来人民多灾多难、国破家亡的悲惨历史经验的一部分。成为日本殖民地 50 年的台湾并没有放弃抵抗斗争的精神。据史料记载，在殖民统治的最初 20 年间，台湾人民前仆后继，进行了一系列英勇壮烈的斗争，组织了许多重要起义。[④] 但这一系列的武装反抗均遭到日本殖民当局血腥军事镇压而纷纷失败。面对这样困难的斗争形势，台湾一批受到现代思想教育和影响的文化先驱者决定变换斗争方式，由武装抗争转变为政治文化斗争。于是，台湾新文化运动发展起来，作为新文化运动重要力量之一的新文学也逐渐崛起。初期登上台湾新文学文坛的作家赖和、杨云萍、杨守愚、蔡秋桐等都纷纷选择乡土文学这一题材类型来进行创作，运用现实主义创作手法，忠实地反映日本殖民地下台湾人民的生活困境和悲惨命运。通过他们扎实的耕作，台湾新文学的园地逐渐焕发出勃勃生机。理论倡导总是晚于创作实践，台湾乡土文学创作兴起后到 1930 年发生了第一次乡土文学论争，提倡乡土文学的创作。其中关于乡土文学语言形式的讨论中，不论是提倡采用台湾话文还是大陆白话文的双方，实际上都有一个相同的目的是：如何更好地保存中国传统文化，以及更有效地传播普及现代新思想以启蒙民智。简而言之，就是保存民族意识来对抗异族殖民统治。从上述两岸乡土文学兴起和发展的经验看，可以说中国乡土文学发展的背后同样蕴含了民族主义思想价值取向。

左翼文学大致来说是一种以马克思主义和无产阶级世界观来指导的革命文学，创作方

---

① ［丹麦］勃兰克斯著：《十九世纪文学主潮》（第五分册），李宗杰译，北京：人民文学出版社，1982 年，第 19 页。

② 《简明不列颠百科全书》（第 8 卷），北京：中国大百科全书出版社，1986 年，第 540 页。

③ 丁帆：《中国乡土小说史》，北京：北京大学出版社，2007 年，第 10-11 页。

④ 刘登翰，庄明萱：《台湾文学史》（第二册），北京：中国出版集团现代教育出版社，2007 年，第 6 页。

法上则经历了对唯物辩证法的扬弃和对社会主义现实主义的坚持的过程。左翼文学接续在乡土文学之后兴起，这也是由世界环境及外在文学思潮影响和两岸社会历史变迁共同作用而形成。20世纪20年代末期，资本主义世界经济发展陷入低迷，尤其1929年爆发范围最大、持续最久的世界性经济危机。这一经济危机的影响无远弗届，大陆和台湾均不能幸免。具体来看，大陆在20世纪20年代中期之后，“五四”新文学进入低潮期，资产阶级所倡导的价值理念受到挫折，再加上当时特定的历史背景和原因：早期共产党人对革命文学的倡导，其中一些人从政治革命直接走向了文学；社会的急剧变革使激进的小资产阶级作家首先被卷进了革命的怒潮，他们决定要充当无产阶级文化的代表，创造社、太阳社之提倡无产阶级文艺就是这样；1927年后的社会政治斗争形势，使建设无产阶级文学成为需要；国际无产阶级文学运动（“红色30年代”）的影响，诸如苏联文学、日本左翼革命文学，西方辛克莱、巴比塞、德莱塞等作品的影响；激进、前卫的青年作家相对集中于上海，这也提供了组织革命文学队伍的可能性。[①] 大陆左翼文学运动的成绩很大程度上依托“左翼作家联盟”（简称“左联”）来实现。后来文学史里这样评价左翼文学：“左翼文学的活动与其说是一种文学思潮，不如说是一场以文学为手段的革命运动，它以组织化的文学活动推动文坛格局的变化。尽管它当时并未能提供更多的有文学价值的作品，但是在30年代和后来的中国现代文学历史发展中产生了重要作用和深远影响。”“左联在文学运动方面的声势影响要远远大于其创作践行的功效，此后的左翼作家的成绩也不能简单地与左联直接挂钩。左翼文学家的成绩应归因于‘五四’新文学传统与革命文学观念两者的对话与交融，应该说前者的影响更为深厚久远。”[②] 而对于台湾而言，在大的世界性经济危机环境影响方面与大陆相同，但在殖民统治下又体现不同的历史背景和具体原因：1925年之后，推助台湾新文化运动发展的重要组织台湾文化协会经过分化与重新组合，从组织上、思想上和路线上突破原有的局限，左翼力量逐步占主导地位，批判了改良主义的思想主张，确立了以推翻殖民统治制度为目标，推行联合工农大众的路线，大力开展革命斗争活动。在这种革命思潮的影响下，农民运动、工人运动蓬勃兴起。[③] 但到了1930年前后，日本帝国主义加紧侵华战争的部署，在本土及台湾残酷镇压革命斗争。如台湾殖民当局在1929年和1931年发动两次大检查，搜捕革命者和进步人士。随后，民众党被宣布解散，文协也自行解散，这是台湾现代文化政治运动历史上的大挫折。尽管如此，台湾进步知识分子仍不气馁，在接受了公开的群众性的文化政治运动被查禁的严酷事实之后，他们转变斗争策略，借重已获得发展基础，且处于合法地位的台湾现代文学运动作为继续开展文化政治斗争的阵地。这为台湾左翼文学兴起储备了文学创作的生力军。

二、乡土文学如何接合左翼文学：两位作家文学思想之对照

前文明确了左翼文学接续乡土文学而兴起的背景和原因，那么，作为民族主义价值取向的乡土文学和以无产阶级世界观为指导，重视阶级斗争的左翼文学之间除了作为思潮承

---

① 朱栋霖，朱晓进，吴义勤：《中国现代文学史1917—2012》（上册），北京：北京大学出版社，2007年，第148页。

② 朱栋霖，朱晓进，吴义勤：《中国现代文学史1917—2012》（上册），北京：北京大学出版社，2007年，第148、155页。

③ 刘登翰，庄明萱：《台湾文学史》（第二册），北京：中国出版集团现代教育出版社，2007年，第29页。

续之关系外，是否还有更深层的联系？这里，选取了同样有着乡土作家身份，也经历左翼文学思潮的鲁迅和杨逵来比照和讨论。

鲁迅是大陆新文学史上乡土文学创作最早也最有成绩者。在他两部短篇小说集《呐喊》《彷徨》中所展现的中国近现代以来时代变迁和社会震荡在具体而卑微的人、事、物上的投射，鲁迅选取了浙江绍兴这样一个浓缩的空间背景，因此他的作品中浓厚鲜明的地方特色给读者留下深刻的印象。张定璜曾在评论《呐喊》时说道："他的作品满熏着中国的土气，他可以说是眼前我们唯一的乡土艺术家"。鲁迅的乡土文学家身份透过坚实的作品已然坐实。但"五四"落潮期之后，鲁迅的思想发生了变化，他由早期的"进化论""人道主义""个性主义"的思想上转移，此期接触了许多马克思主义文学理论著作，特别是普列汉诺夫的有关著作对他产生了极大的影响，如在艺术的起源、文学的阶级性以及文学的大众化、平民化等方面接受了普列汉诺夫诠释过的马克思主义文学理论。[①] 在1927年到1928年之间他已经成为比较彻底的马克思主义者。而杨逵登上文坛时已是台湾新文学发展相对成熟繁盛的第二个阶段，他在现代文学史上所取得的文学创作实绩主要是在20世纪30年代。如果说鲁迅是大陆新文学运动的奠基者和开拓者，那么杨逵则是台湾新文学运动成熟期的代表作家。杨逵在文坛的成名得到了台湾新文学奠基者赖和的大力推介和帮助。这也说明台湾新文学创作生力军上已开始形成承接有序的传统。他的处女作《送报夫》（日文）前篇，由赖和经手连载于1932年的《台湾新民报》（5月19—27日）上，后半部遭查禁。1934年10月《送报夫》全文入选东京《文学评论》第二奖（首奖从缺），刊载于《文学评论》第1卷第8号。[②] 此为台湾地区作家首度在日本文坛得奖，但当月号在台湾禁止贩售。一部作品经由台湾和日本两地文坛的曲折刊发，杨逵登上新文学殿堂成为继赖和之后引领台湾新文学第二阶段发展的中坚作家。此后，杨逵根据自身的社会活动和日常生活的实际经验，写出了一系列代表性作品：《顽童伐鬼记》《无医村》《泥娃娃》《鹅妈妈出嫁》《萌芽》《增产之背后——老丑角的故事》《种地瓜》《归农之日》《模范村》等，在这些作品中作者忠实地将殖民统治的残酷现实和台湾人民被压迫被践踏的生活际遇表现出来，使作品具有浓厚的台湾社会现实内容和地域色彩，因此被称为乡土作家；同时，这些作品中又具有鲜明的特点是对"无产阶级"的关注，充分肯定无产阶级在对抗殖民统治阶级以及与之相勾结的买办资产阶级和封建士绅阶级等反动势力中所蕴藏的反抗精神和光明前途。因此，叶石涛这样评价《送报夫》："杨逵的这篇小说最大的贡献，在于他把台湾新文学作品的反帝反封建的主要思想，以巨视性的观点跟全世界被压迫的农工阶级的解放运动联结起来，使得台湾新文学运动，成为世界性被压迫的所有农工和弱小民族的抗议运动的一环。这篇小说也附带地阐明了台湾新文学运动，不但是台湾资产阶级文化启蒙运动的一部分，同时它也是台湾无产阶级心声的真挚的代言人。"[③]从作品和评价中不难看出杨逵具备乡土作家底色和左翼文学作家思想。下文从三个方面讨论鲁迅和杨逵将乡土文学和左翼文学结合起来的文学思想和经验。

---

① 李青春：《在审美与意识形态之间——中国当代文学理论研究反思》，北京：北京大学出版社，2006年，第148页。

② 《文学年表》，收入于封德屏总策划，黄惠祯编选《台湾现当代作家研究资料汇编04·杨逵》，台湾文学馆出版，第58页。

③ 叶石涛著，中岛利郎，泽井律之日译本注解：《台湾文学史纲》，彭萱汉译，春晖出版社，2010年，第82页。

（一）在艺术的起源问题上，重视劳动的作用

文学是艺术的一种形式，不论是乡土文学或左翼文学，都需要接触得到艺术起源的问题。鲁迅在1924年的《中国小说的历史的变迁》一文中讨论了艺术起源问题两个可能性：一是劳动者在劳动中为减轻劳苦而进行的吟唱；二是原始人出于对神明的敬畏而发出的赞颂之声。后来鲁迅接受了马克思主义，他对艺术起源的看法基本没有发生变化："我想，人类是在未有文字之前，就有了创作的，可惜没有人记下，也没有法子记下。我们的祖先的原始人，原是连话都不会说的，为了共同劳作，必须发表意见，才渐渐地练出复杂的声音来，假如那时大家抬木头，都觉得吃力了，却想不到发表，其中有一个叫道'杭育杭育'，那么，这就是创作；大家也要佩服"，应用的，这就等于出版；倘若用什么记号留存下来，这就是文学，他当然就是作家，也是文学家，是'杭育杭育'派"。[①] 早在1919年就以《一件小事》歌颂劳动人民的团结互助的美德，而在其他乡土气息浓重的作品中也常常选取乡村底层劳动人民作为表现对象，如祥林嫂、闰土、单四嫂子、阿长等人物，描写得栩栩如生，令人印象深刻。而对杨逵来说，除了作家身份之外，劳动者身份是贯穿其一生的重要身份。他身体力行地履行着劳动者的职责，并视劳动是最宝贵的财富，这不仅从他坎坷困顿的一生中得到了很好证明：日本发动侵华战争之后，殖民政府对台湾加紧皇民化进程，在文化思想领域重要的措施就是废止汉文栏，杨逵创办的《台湾新文学》也被迫停刊。这时候他仿效伯夷叔齐的精神气节，开辟"首阳农园"，靠买花种菜为生，而在白色恐怖下坐了12年国民党黑牢之后，开辟"东海花园"，以强韧的精神继续着一贯的生活方式，令人叹服。此外，还可以从他的小说《鹅妈妈出嫁》《萌芽》《归农之日》《种地瓜》中强烈感受到对劳动的礼赞，在杨逵作品和意识里劳动是一种精神境界。[②]

（二）关注文学的阶级性

在鲁迅未完全接受马克思主义理论之前，在他的思想中就很重视文学与社会政治的关系，如他在《魏晋风度及文章与药及酒之关系》一文中说"因为我们想研究某一时代的文学，至少要知道作者的环境、经历和著作。"从这一原则出发，鲁迅认为，建安文学的突出风格是"清峻"与"通脱"，之所以如此的原因有两个方面：一方面是大动荡、大战乱导致曹魏政权"尚刑名"的政策，这种政策本质上一是严刑峻法，二是循名责实，表现在文学上就是"清峻"风格；另一方面是社会动荡、战乱不仅打破了政治上天下一统的局面，也打破了思想文化上"独尊儒术"的局面，名教伦理受到了极大冲击。因此在文学上显示出"通脱"风格。[③] 而在彻底接收马克思主义思想后，鲁迅形成了鲜明的阶级观点，善于运用阶级分析的视角观察社会、人生以及文学现象，他对文学阶级性的理解包含着深刻的人生体验："生在有阶级的社会里而要做超阶级的作家，生在战斗的时代而要离开战斗而独立，生在现在而要做给予将来的作品，这样的人，实在是一个心造的幻影，在现实世界上

① 鲁迅：《门外文谈》，《鲁迅全集》第六卷，北京：人民文学出版社，1973年，第75页。
② 张恒豪：《杨逵集》，台北：前卫出版社，1990年。
③ 鲁迅：《魏晋风度及文章与药及酒之关系》，《鲁迅全集》第三卷，北京：人民文学出版社，1973年。

是没有的。要做这样的人，恰如用自己的手拔着头发，要离开地球一样，他离不开，焦躁着，然而并非因为有人摇了摇头，使他不敢拔了的缘故。”① 同样的，杨逵对文学的阶级性认识，早在他留学日本期间就开始阅读马克思的经典巨著《资本论》，“这样的思想背景，加上当时大量失业人口的环境，使得关心社会的学生，几乎清一色都成为左派分子”，而杨逵比当时多数台湾留日学生具备更先进的阶级意识：“因为台湾的留日学生在经济上较为富有，不少来自富农、地主、商贾的家庭。因此，台湾留日学生的民族意识高于社会意识，说得更明白些，是高于阶级意识的。”这种认识不仅和他在日本时期阅读马克思主义著作而生成的意识有关，还有当时世界性经济危机背景下无产阶级运动高涨密切相关。杨逵是一个十足的社会运动家，他在入读日本大学不久，就参加了工人考察团，一次去浅草地区考察“工人集中区”，看到那里有一大堆的工人挤在寺庙的地下室，天寒地冻只有草包可以御寒，因此冻死了不少人，这也唤起了他关于全世界无产阶级联合起来抗争的社会主义思想，这在他的小说《送报夫》中有清晰的表达。另外，杨逵还参加了大量的社会运动，包括反战运动、反殖运动，农工运动。丰富的现实斗争经验更坚定了他的马克思主义和社会主义信仰，这也可以解释何以在参加社会运动中多次被捕监禁而毫不动摇的精神气质。对阶级力量的充分肯定和对无产阶级前途的美好憧憬，使杨逵的作品中往往有着光明的色彩。这点也往往是鲁迅小说中很难看到的。

（三）对国家、民族问题的态度

鲁迅和杨逵所身处的整体的中国近现代历史大背景是相同的。面对着古老落后的封建专制王朝即将崩塌，也即周作人所说的“王纲解扭”的时代，像鲁迅、杨逵这样的现代知识分子，他们一边感受着亡国灭种的悲痛，一边默默地坚韧地探索着建设新国家新民族的未来。鲁迅在仙台医学院所经历的“幻灯片事件”，当看到影片中麻木、愚昧的同胞令人痛心的精神面貌，以此为契机，转而弃医从文。这是一个体现了鲁迅具有强烈的现代国家民族独立自强意识的重要事件。无独有偶，杨逵在童年时期因听闻抗日武装斗争“噍吧哖”事件被日本殖民军队血腥镇压而留下刻骨铭心的印象，当他上了中学以后，看到秋泽乌川写的《台湾匪志》中，把“噍吧哖”事件（西来庵事件）写成“讨伐匪贼”的记录，当时杨逵想：“那明明是对迫害的一种反抗，为何竟是‘讨伐匪贼’？谁才是真正的‘匪贼’？我由衷产生了强烈的疑问。”② 可以说，在这里，杨逵表露了对自己是被异族殖民统治的身份有清醒的认知，并由此萌生了反殖抗暴的民族精神。因此在杨逵创作中反抗日殖民压迫，追求民族解放是其重要内容之一。需要指出的是，在杨逵的民族意识中，民族指的是中华民族，而他所追求的民族解放动力来自回归祖国（中华民族即中国）的向心力。这可以在《模范村》一文中得到有力佐证：陈文治讲着讲着，把手里书放下，又拿起一本书翻读。这些青年人既没有读过书，又没有看过报纸，很多事情自然是听不入耳的。不过，台湾人是中国人，日本人曾经把台湾占领了，叫台胞过着牛马都不如的生活……这是大家由日常生

① 鲁迅：《论“第三种人”》，《鲁迅全集》第四卷，北京：人民文学出版社，1973年，第336页。

② 戴国辉记录整理：《杨逵忆述不凡的岁月——陪内村刚介先生访谈杨逵于日本东京》，收入于封德屏总策划，黄惠祯编选《台湾现当代作家研究资料汇编04·杨逵》，台湾文学馆出版，第158页。

活得来的很切实的经验，不会不知道的。台湾虽然被日本人管了，不过，我们还有祖国存在，这是在隔海那边……这也大家约略知道一点的。今天听到日本想把整个中国都要吞下肚里去，免不了要发生深切的感触。大家希望能够做自己的主人，不要让人家管，不愿当人家的奴隶，这也是不教自通的道理。因此，对于新民送的这一箱书，青年们便觉得好像一把锁匙，它似乎可以带他们去知道一切事物的真相似的，非常关切起来了。"① 这是杨逵透过小说叙述话语对青年进行民族意识启蒙工作。这段话放在当下的两岸语境中仍然有很好的除弊和启蒙作用。可以说，两位作家都具有强烈的现代国家民族意识，所不同的是，杨逵所面对的殖民统治的社会现实，要实现民族解放，回归祖国的愿望，无疑更为危重邈远。好在杨逵对此矢志不渝，他把民族解放、国家强盛的希望寄托在社会主义信念和无产阶级前途上。鲁迅和杨逵的精神和境界都称得上是中华民族的脊梁。

综上所述，两岸现代文学在乡土文学和左翼文学接合的过程中，透过鲁迅和杨逵的文学思想的对照，试图窥探两岸文学发展轨迹和面貌之异同。历史已证明，两岸文学乃命运共同体，希望后来研究者能求同存异，为两岸文学开拓更深入持久的交流合作的局面。

① 张恒豪：《杨逵集》，台北：前卫出版社，1990 年，第 294 页。

闽派批评四十年

郑海婷

1977 年，福建诗人舒婷写下她的《致橡树》，1979 年《致橡树》发表，舒婷成为朦胧诗派的代表诗人之一。1980 年，“南宁诗会”召开，三位福建籍文学评论家张炯、谢冕和孙绍振把诗会推向高潮，谢冕和孙绍振为朦胧诗辩护的发言引起了会上及会后相当长时间的激烈讨论，成为中国当代文学史和文论史上的重大事件，闽籍评论家也以其激辩风格和前卫姿态精彩亮相。此后，一批闽籍评论家积极参与学界前沿问题的讨论，不时抛出真知灼见，引起学界极大关注，形成了声势浩大的学术闽军。如果以 20 世纪 70 年代末 80 年代初“朦胧诗”的出场及其论争为起点，现今意义上的“闽派批评”差不多已经走过了 40 个年头。

一、新时期以来的“闽派批评”

1978 年 12 月召开的中国共产党第十一届三中全会通过了实事求是、解放思想、改革开放的重要决定。中国社会进入经济快速发展、思想观念快速更新的时期，与“五四”时期一样，文学和艺术又一次成为一个全社会的思想解放运动的突破口和先遣队。借着思想解放运动的推进，西方文艺思想和作品的大量译介，如同久旱逢甘霖，文学创作和批评理论建设进入了充满探索性和创造性的爆发期。在这样的历史节点上，“闽派批评家”又一次站上了前台，频繁活跃于文坛，充作思想启蒙的先锋。他们的主要贡献在两个方面：一方面，他们成为“文革”之后的学术爆发中，文艺学学科重新兴起的重要人物；另一方面，他们在 20 世纪 80 年代提出或形成的一些学术观点，成为以后文艺学研究的理论出发点和重要思想资源。以下按时间顺序简要梳理闽派学者参与的主要讨论。

（一）“朦胧诗”论争

北岛、芒克等人在 1978 年 12 月创办了《今天》，这本文学刊物共出版了 9 期，发表了食指、芒克、北岛、舒婷、顾城等的诗作，被看作是“朦胧诗”的大本营。《今天》诗人的作品广泛流传，很快受到了主流文坛的关注。《诗刊》《星星》相继选载了北岛、舒婷、顾城等人的作品，加上《诗探索》《福建文学》等理论刊物的讨论，这一批诗人的影响不

作者简介：郑海婷，文学博士，福建社会科学院文学研究所副研究员。

断扩大。对这一波新诗潮的评价，很快吸引了大量学者的注意。[①] 福建籍评论家谢冕、孙绍振和刘登翰成为新诗潮最坚定的卫士，与臧克家、艾青等“诗坛盟主”展开了激烈的对话。

1980 年 4 月，“全国诗歌讨论会”在南宁召开，与会者就《今天》诗人作品的评价展开了激烈的争论。有人认为这是诗歌创作在自走绝路，有人认为这代表了新诗的有益探索。来自福建的三位理论家谢冕、孙绍振、刘登翰成为朦胧诗的坚定支持者。他们共同主张要支持艺术创造的自由，新诗不仅有现实主义这一种表现方式，还可以借鉴西方现代派的表现手法，因此，针对年轻诗人在这方面所作的探索，应该宽容理解[②]。南宁诗会之后，随着谢冕《在新的崛起面前》、孙绍振《新的美学原则在崛起》、徐敬亚《崛起的诗群》的发表，朦胧诗的论争不断发酵，如有时任中国作协书记处常务书记朱子奇和书记柯岩参加的 1983 年 10 月举行的重庆诗歌讨论会，就认为一些朦胧诗“有严重错误”，而“崛起论”则是“对马克思主义、毛泽东思想严重的挑战”[③]。但毕竟时势迁移，这些批判并没有产生 20 世纪五六十年代一样的威慑效果，这股“不可遏制的新诗潮”[④] 还是在一浪高过一浪的“崛起”声中成为一时间诗坛的主流。

现在来看，由闽派诗评家主导的朦胧诗论争已经成为新诗发展史上的分水岭，按刘禾的说法，朦胧诗以其语言的异质性来“拒绝所谓的透明度，就是拒绝与单一的符号系统……合作”[⑤]，此后，新诗创作与新诗理念逐渐从“一元”走向“多元”。在这一转换过程中，闽派诗评家起到了举足轻重的作用。

（二）文学研究科学方法大讨论

紧随着改革开放的步伐，我国社会实践和文艺实践发生了重大转折，面对纷繁复杂的现象世界，沿用多年的社会主义现实主义创作方法和“社会-历史”研究方法已经越来越不够用，这时，西方现代文艺思潮被大量译介进来，学界一时之间趋之若鹜，文艺理论和文艺批评方法快速更新。

厦门大学中文系的林兴宅是系统论方法的主要倡导者，认为系统科学的方法对文学研究来说是具有普遍指导意义的方法论[⑥]。他的工作主要在两个方面：一是论证系统论方法在文学研究中的有效性[⑦]。他指出，美是一个复杂的动态生成的系统，人类社会通过审美信息的传输和反馈调节而趋向最优化，这与系统科学方法是相通的，因此，可以把文学艺术的

---

① 福建省文联主办的文学月刊《福建文艺》（此后很快更名为“福建文学”）从 1980 年第 2 期开始，开辟了“新诗创作问题”讨论专栏，集中围绕本省诗人舒婷的诗歌创作展开讨论，时间持续一年多。在全国诗歌界和理论界引起强烈反响。

② 谢冕《新诗的进步》、孙绍振《新诗的民族传统和外国影响问题》、刘登翰《新诗的繁荣和危机》，见《新诗的现状与展望》，全国当代诗歌讨论会编，广西人民出版社，1981 年。

③ 吕进：《高举社会主义文艺旗帜，开一代新诗风——重庆诗歌讨论会综述》，《文谭》1983 年第 12 期。

④ 刘登翰：《一股不可遏制的新诗潮》，《福建文艺》1980 年第 12 期。

⑤ 刘禾：《持灯的使者 · 编者的话》，香港牛津大学出版社，2001 年，第 XVI 页。

⑥ 晓丹，赵仲：《文学批评：在新的挑战面前——记厦门全国文学评论方法论讨论会》，《文学评论》1985 年第 4 期。

⑦ 林兴宅：《论文学艺术的魅力》，《中国社会科学》1984 年第 4 期。《系统科学方法在文学研究中的运用问题》，《文学研究动态》1984 年第 10 期。《科技革命的启示》，《文学评论》1984 年第 6 期。《文明的极地——诗与数学的统一》，《文学评论》1985 年第 4 期。

思维方式与自然科学的思维方式统一起来。二是实践系统论方法在文学研究中的具体运用。其发表于1984年年初的《论阿Q的性格系统》是最有代表性的一篇将系统论方法运用于人物形象分析的文章。林兴宅指出，阿Q性格是一个复杂的有机整体，要摒弃单一、静态的分析视角，用系统的方法从哲学的、政治的、社会学的、伦理学的、历史的、心理的等不同角度做大规模的综合考察。这种令人耳目一新的考察为研究典型性格的复杂内涵提供了补充。[①] 林兴宅这些科学主义的观点，引发了激烈的争论，支持和反对的中坚力量都是“闽派批评家”，他们的言论使“科学方法大讨论”的深度和影响力持续扩大。

1985年3月在厦门举行的“全国文学评论方法论讨论会”，与会者对新批评方法的出现持欢迎态度，但就自然科学方法能否运用于文学研究，各自有不同的见解。孙绍振认为如果不经过“哲学抽象化和艺术特殊化这两个环节”，“用自然科学的研究方法直接套文学，将会造成新的混乱”[②]。南帆则坚持在文学研究中，不能够用科学来僵硬地覆盖文学：“方法的选择必须建立在研究对象的特性把握的基础上，文艺研究只有充分注意到文艺本体特性，才可能是富于成效的”[③]。

时任中国社科院文学研究所所长的刘再复（泉州南安人）对方法论讨论做了总结，他积极肯定了其中的探索精神：方法论探讨带来了文学研究的思维方式变革，变“消极性思维”为“积极性思维”，从外部到内部，从单一角度到多种角度，从微观分析到宏观综合，从分析系统到开放系统，从而使文学研究的思维空间不断拓展。[④]

1989年，王蒙回忆道：“84、85年达到高潮的‘方法论’热，这实际上也是学者型搞的。‘方法论热’基本上是‘闽派’为主，林兴宅画了好多图，到现在我对他的图还是感兴趣，把《阿Q正传》画成图。”[⑤] 闽派批评家提出并引发文学研究科学方法论的大论争，引入系统论阐释文学问题，彻底改变了文学批评由社会学和才情感悟批评二分天下的格局。

（三）性格组合论及其论争

1984年6月，刘再复在《文学评论》第3期发表《论人物性格的二重组合原理》，这是他发表的关于性格组合论的第一篇文章。此后，1984—1986年，他在《中国社会科学》《文艺研究》《文艺理论研究》《读书》等重要刊物上陆续发表系列论文，并于1986年在上海文艺出版社出版专著《性格组合论》，成为1986年度全国十大畅销书，其传播之广可见一斑。

刘再复从性格结构和性格组合的角度来思考文学中的典型塑造问题。他深入到人物性格结构的内部，认为性格是一个丰富的世界，不能用简单的“好人”“坏人”，或者“正面人物”“反面人物”“中间人物”对人物作框定，优秀的文学典型性格“是一个包含着丰富性格侧面的整体”，“其性格的构成因素不可能是单一的。它们往往是以其二级性的特征交

---

① 林兴宅：《论阿Q的性格系统》，《鲁迅研究》1984第1期。

② 晓丹，赵仲：《文学批评：在新的挑战面前——记厦门全国文学评论方法论讨论会》，《文学评论》1985年第4期。

③ 南帆：《文学批评的研究方法和研究目标》，《文学评论》1985年第4期。

④ 刘再复：《文学研究思维空间的拓展》，《读书》1985年第2-3期。

⑤ 王蒙，王干：《十年来的文学批评》，《当代作家评论》1989年第2期。

叉融合，成为一个多维多向的立体网状结构。”① 这种观念解释了性格的深层矛盾运动和复杂性，是文学典型论的重要发展。

批评的声音主要指向这一理论的科学性和普遍性。刘再复认为，二重组合原理是现实和文学中的人物性格结构共用的普遍法则。这遭到了很多质疑，首先，现实和文学并不能等同；其次，把性格组合论上升为普遍法则，实际上是用新的公式来取代旧的公式，本质未变；再次，刘再复从一般哲学原理所推导出来的抽象的性格创作公式，也被认为并不一定符合美学原理。但是，无论如何，刘再复的二重组合论对典型理论的系统研究和向纵深发展所做出的贡献都是不容忽视的。

（四）主体性理论

闽派批评家同时也是文学主体论的主要倡导者。在朦胧诗的论争中，谢冕、孙绍振等人就主要是从思想的自由、创作的自由和个性这些方面来立论，无不体现出人文主义的价值取向和对文学本体论的强调。此后，孙绍振、林兴宅、刘再复、南帆均在不同场合表达过对文学本体论的欢迎。其中表述最为系统、影响最大的则是刘再复，他比同乡们更进一步，从文学本体走向了文学主体性理论。

刘再复五万多字的长篇论文《论文学的主体性》发表于《文学评论》1985 年第 6 期和 1986 年第 1 期。文章的对话对象是流行多年的文学反映论，反映论主张文学是社会生活（客体）的反映，而刘再复则要把文学的立足点拉回到主体（人）。在他看来，“文学是人学”，这是无可争辩的命题。作为主体的人，必然占有自己的自由情感。这不仅包括创作者和接受者的主体性，也包括作品中人物的主体性。

这篇文章发表后，陈涌、敏泽等立即撰文进行了猛烈批评，另有“随之而来的上百篇文章对文学主体性问题的阐述、探讨和争论”，还推动了主体论文艺学的建构，如陆贵山的《审美主客体》、畅广元的《主体论文艺学》。现在看来，刘再复的表述存在着强烈的浪漫主义色彩，也明显的哲学建设不足，他赋予了人道主义和“主体性”“超时代、超历史的无限性，而看不到它的限度”，其“理论深度和科学准确性”都有待推敲，但是，也正因如此，才使得主体性理论更通俗化、更便于传播，从而产生更大的社会影响。它促成了文学界关于“向内转”的讨论，也“推动了文艺学研究方法的多样化发展”，是文艺心理学、文学人类学等方法的“有力的观念前提和方法论依据”。②

（五）文学“向内转”与文艺心理学的兴起

在 20 世纪 80 年代，人的解放和文学艺术的独立自主是人文知识分子的共同诉求，他们在实际的理论操作中，把这二者勾连起来。例如在刘再复的理论中，文学艺术的自主性诉求就是人的主体性与自由解放，他认定回归情感就是回归文学本身，③ 后来的文学“向内转”的说法就深受这种看法的影响。刘再复之后，1986 年 10 月，鲁枢元发表了《论新时

① 刘再复：《论人物性格的模糊性与明确性》，《中国社会科学》1984 年第 6 期。

② 张婷婷：《中国文艺学学术史》（第四部），北京：中国社会科学出版社，2000 年，第 100、77、85、101 页。

③ 陶东风：《80 年代文艺学美学主流话语的反思》，《学习与探索》1999 年第 2 期。

期文学的“向内转”》；1987年6月，周崇坡发表了《文学的内向性——我对“新时期文学‘向内转’讨论”的反省》；正式开启了文学“向内转”的讨论。

在鲁枢元看来，向内转就是从外部现实转向心理世界，这是新时期文学发展的总体态势。来自闽西的童庆炳与鲁枢元持基本相同的观点，他在《文学的“向内转”与艺术创作规律》一文中为鲁枢元辩护。童庆炳指出：“向内转”文学要构建起奇妙的、多功能的心理时间和心理空间，纵横开掘生活的深层，这是对文学自身认识的深化，是历史性的进步。而就职于中国社科院文学研究所的福安人张炯则持冷静中正的态度，他指出：文学创作的深刻或肤浅，关键不在“向内”或“向外”，而在于作家本身的素质以及对艺术创作规律的尊重，因此，不应该特别提倡“向内转”。[①] 张炯的同事曾镇南也是福建人，他在《新时期文学“向内转”之我见》中，依托文学史史实，“从鲁枢元借以立论的20世纪世界文学的变迁和中国现代文学的发展分析入手，认为‘向内转’的看法缺乏应有的历史依据”，批评有理有据。[②]

此后，童庆炳及其所带领的北京师范大学文艺心理学团队在文艺心理学的学科建设中做了许多卓有成效的工作。包括主编“心理美学丛书”和教育部面向21世纪课程教材《文艺心理学教程》等，流传广泛，影响巨大。童庆炳主张联合多种学科的专家，采用实验、观察、问卷和比较、类型、结构符号、历史分析等多种方法，相互结合来研究“审美主体在艺术创作过程和接受过程中的心理机制问题”。[③] 这一论述补正了此前文艺心理学方法论上的不足。

（六）审美意识形态论及其论争

在20世纪80年代提出的“审美特征”论的基础上，童庆炳提出“审美意识形态论”作为文艺学的第一原理。这个观念主要见于他主编的《文学理论教程》。该教材的重点特色是一定程度上保留了新时期理论建设的成果，把正统马克思主义路径上的文学理论教材往前推进，改良了反映论和意识形态论的文学本质观。把马克思主义对上层建筑与经济基础关系的描述引进文学理论中，认为文学是上层建筑，又能够反作用于经济基础，所以文学既是审美的，又是意识形态的，将文学定义为一种特殊的意识形态，即“审美意识形态”。作为马克思主义理论研究和建设工程主推教材，《文学理论教程》自1992年出版至今，已修订四版，发行量一百多万，“是新中国成立以来使用时间最长、影响最大的一部教材”[④]。

我们知道，文学理论教材是把近十几二十几年文学理论研究的重要成果以较为通俗的方式进入知识体系进行传播的主要工具。主要关注的问题是：文学是什么？（文学理论是什么？文学理论能做什么？）什么样的文学才是好文学？怎样研究文学？从文学理论教材编写史来看关于审美意识形态论（也可称作“文学本质”）的论争，除了董学文的“社会意识形式”论（董学文主编：《马克思主义文论教程》），影响较大的是南帆的“反本质主义”论（南帆主编：《文学理论新读本》）和杨春时的多重文学本质观（杨春时主编：《文学理

① 张炯：《也谈文学“向内转”与艺术规律》，《文艺报》1987年12月26日。

② 陶东风，和磊：《当代中国文艺学研究（1949—2009）》，北京：中国社会科学出版社，2011年，第404页。

③ 童庆炳：《现代心理美学》，北京：中国社会科学出版社，1993年，第19-21页。

④ 吴子林：《“闽派批评”：中国当代文坛的“引擎”》，《名作欣赏》2018年第1期。

论新编》）。

杨春时的《文学理论新编》废止了传统文学理论的单一文学本质观，建立了多重文学本质观。从审美经验出发，也从文学结构分析出发，确认文学具有原型（深层）、现实（表层）、审美（超验）三个层面，也相应形成了通俗文学、严肃文学、纯文学三种形态，从而也分别突出了趣味性和消遣娱乐功能、意识形态性和教化功能、审美性和超越功能。[①]

南帆不再承认文学具有不变的本质。他主编的《文学理论新读本》用文化研究的方法来探讨文学问题，更确切地说，是用关系与结构的方法来建构文学理论，探讨文学的内外部关系。总体来说，南帆在文学理论知识体系的建构上，主张摆脱文学观念和知识建构上的本质主义束缚，直面当下文学实践和批评实践，引进一种文化研究的批判性的视野，打破学科藩篱，建构开放的理论学习体系。

应该说，关于文学是否具有本质、文学的本质是什么、审美意识形态是文学的本质吗，这一系列问题的讨论都还在继续当中，并且，作为文学理论的基础问题，还会持续讨论下去。

（七）“后”语境中的文学理论

20 世纪 80 年代末 90 年代初，商品经济大潮越演越烈，商品法则渗透进社会生活的方方面面，思想文化领域也不可避免地进入了价值重构的阶段。陈晓明写道：“新时期文学一直怀着热情去追求人道主义的信念、追求人的价值和尊严，却受到了现实的价值尺度的无情嘲弄。”[②] 在这样的背景下，西方的后现代主义、后殖民主义和后结构主义（解构主义）文论被大量翻译介绍，成为学术热点，产生了巨大影响。

北京师范大学外语系教授郑敏，福建闽侯人，中华人民共和国成立前就是“九叶诗派”的代表诗人，在这一时期也以解构文论作为学术研究的重点，力图用解构文论来阐释中国传统文论，她是在这一波“后学热”中罕见的老年学者。更为活跃的是来自南平的陈晓明，他因对后学的诸多讨论，被戏称为“陈后主”。他的博士论文《解构的踪迹：历史、话语与主体》在这一阶段的后学研究中具有代表性意义。进一步奠定其“陈后主”地位的则是他用解构主义文论对新潮小说所作的大量解读。《冒险的迁徙：后新潮小说的叙事转换》认为，余华、苏童、马原等的后新潮小说不再追问和关心终极价值，而是以深度模式的拆除为特征，走出深度走向平面。《历史颓败的寓言》《暴力与游戏：无主体的话语》指出后新潮小说将历史事实“化解为一些瓦砾式的碎片”，寻回现实的努力最终落入一种空洞的能指和死亡；这描述了后新潮小说中消解意义和建构新秩序的“二重性分离”，“意识到了中国的后现代话语的特殊性”。[③]

（八）文化转向

闽派批评家也积极推动了 20 世纪末 21 世纪初大陆文艺学研究的文化转向。主要代表

① 杨春时：《文学理论新编》，北京：北京大学出版社，2007 年。

② 陈晓明：《冒险的迁徙：后新潮小说的叙事转换》，《艺术广角》1990 年第 3 期。

③ 张婷婷：《中国文艺学学术史》（第四部），北京：中国社会科学出版社，2000 年，第 199 页。

人物是北京师范大学的童庆炳和福建社会科学院的南帆。

“文化诗学”的命题由童庆炳及其带领的北京师范大学文艺学团队提出，“其目的是克服80年代文学研究一味‘内转’导致的弊病’”①。因此，可以说，文化研究是文艺学学科的自主反思。在童庆炳的理解中，文化诗学属于文学的外部研究，是文学与文化的交叉研究。这实际上也是童庆炳对在新技术和新媒体冲击之下的文学状态的思索和回应：正视媒介对文学的改造。

对这些问题讨论更为深入的则是南帆。他于2001年出版的专著《双重视域》就对当代电子媒介文化进行了分析，指出其双面性：“一方面，电子传播媒介的崛起不仅为大众制造了巨大的欢乐，”而且也指向“更进一步的民主与开放”；“另一方面，电子传播媒介在民主的背面也存在强大的控制，在解放之中隐藏着‘另一些新型的隐蔽枷锁’”。② 他的这些讨论对国内学界后来的相关研究启发很大。此外，前文提及的南帆主编、2002年出版的《文学理论新读本》也是大陆最早的将文化研究列为专章考察的文艺学教材，显示出南帆对文化研究的关注和强烈兴趣。《新读本》第九章“传播媒介”下列传播媒介、符号与文化类型，文学与影像，电子媒介影响下的文学，超文本四节；第二十七章“文学批评与文化研究”下列文化研究的崛起、文化结构的描述、研究对象的转移、未来的问题四节，对文学与文化的关系，以及在新技术影响下的文学变革等做了相当及时而详细的分析。这些讨论极大拓展了大陆文学理论的研究视域和空间。

不得不提的是，福建省文联1985年1月创办的理论刊物《当代文艺探索》为“闽派批评”提供了重要的平台。有“北思潮南探索”之称，王蒙回忆道：“‘方法热’最高峰时期，西北有《当代文艺思潮》，东南有《当代文艺探索》。很不巧，这两个刊物同时停了。”③《当代文艺探索》本着“以开放眼光开拓思维空间，用改革精神革新文艺评论”的办刊宗旨，在不长的时间内就实现了“‘闽派批评’有史以来最大规模的一次集结”，编委和作者包括张炯、谢冕、刘再复、何镇邦、曾镇南、陈剑雨、陈骏涛、潘旭澜、李子云、许怀中、魏世英、孙绍振、刘登翰、林兴宅、杨健民、王光明、南帆、朱大可、陈晓敏、林建法、张陵等。④ 除了《当代文艺探索》，《文学评论》《当代作家评论》《文艺报》等重要文学刊物在20世纪80年代中期都由福建文人执掌，也为闽籍批评家提供了重要的发言平台。

综上所述，在新时期文学理论的发展史上，得益于创作、批评与编辑的互相推动和生发，“闽派批评”频繁出场，以其敏锐的嗅觉、鲜明的主张和扎实的功底在文坛烙印下深深的足迹。许多重大命题的确立和深化离不开闽派文论家的思想贡献，闽派是“文艺研究新思维的张扬者”⑤，与京派、海派并称“现代文学评论三大‘派’”⑥。

---

① 陶东风，和磊：《当代中国文艺学研究（1949—2009）》，北京：中国社会科学出版社，2011年，第645页。
② 刘小新：《南帆新著〈双重视域〉出版》，《天涯》2001年第5期。
③ 王蒙，王干：《十年来的文学批评》，《当代作家评论》1989年第2期。
④ 曾念长：《“闽派批评”与新时期以来的文学思潮》，《福建文学》2014年第12期。
⑤ 古远清：《中国当代文学理论批评史》，济南：山东文艺出版社，2005年，第414-418页。
⑥ 王蒙：《〈思维，在美的领域〉序》，见《王蒙文集》第7卷，北京：华艺出版社，1993年，第550页。

二、“闽派批评”的重启

“闽派批评”的重启工作自2014年开始。时任福建省委书记的尤权多次强调深化改革和福建特色优势的发挥是紧密联系的，具体到文化体制改革，主要工作就是要打响福建文化品牌。① 他的这一理念得到了2014年年初刚赴闽任省委常委、宣传部部长一职的李书磊同志的大力支持和贯彻执行。作为北京大学中文系博士出身的“学者型官员”，李书磊刚一赴任，就对福建的文化建设工作做了全面构想，他把福建文化品牌与“广义闽学”挂钩，朱子学、近代史上的开眼看世界，以及20世纪80年代声势浩大的闽派批评，这些都在“广义闽学”的架构之内。2014年9月27日，李书磊在省社科联第七届委员会第一次全体会议上要求把加强福建人文社会科学各学科建设作为重要使命，推动形成有福建特色的学术流派，促进福建哲学社会科学繁荣发展，在新的历史条件下复兴广义的“闽学”。在这样的顶层推动下，福建文化工程建设的整体性、系统性、规范性得到明显的加强。2014年以来，重启“闽派批评”成为福建文化工作的一件大事，取得了良好的宣传效果，受到全国性的广泛关注。中国文联把“闽派批评”列为“文艺及文艺评论领域惹人注目的话题”，称为“地域性‘文艺高地’”。

主要活动情况如下：2014年9月，首届闽派文艺理论家批评家高峰论坛；2015年10月，闽派文艺理论家批评家高峰论坛暨“闽派诗歌”研讨会；2015年9月，近代福建翻译与中国思想文化的现代转型暨闽派翻译高层论坛；2016年12月，“闽派批评新锐丛书”出版研讨会；2017年12月，2017闽派文艺理论家批评家论坛。相关活动网络上有详细报道，此不再赘述。

学术出版同步跟进：福建人民出版社在2015年、2016年相继推出由张炯、吴子林主编的“闽籍学者文丛”第一辑、第二辑各10种，按人将闽派批评家有代表性的文论论文分别结集成册。第一辑有张炯《写在新世纪》、谢冕《燕园集——谢冕文论精选》、孙绍振《新的美学原则在东方崛起》、童庆炳《审美及其生成机制新探》、程正民《从普希金到巴赫金——俄罗斯文论和文学研究》、陈晓明《限度之外——求变时代的理论与批评》、黄发有《文学与媒体》、吴子林《中西文论思想识略》、陈仲义《关在黑匣里的八音鸟走不走调——现代诗形式论美学（续）》、林丹娅《书写之辨》；第二辑有郑敏《文化·语言·诗学——郑敏文论选》、李朝全《非虚构文学论》、南帆《虚构的真实》、王光明《写在诗歌以外》、曾镇南《现实主义研习录》、俞兆平《南华文存》、林兴宅《艺术之谜新解》、刘登翰《窗外的风景》、陈骏涛《论编拾零》、谢有顺《诗歌中的心事》。海峡文艺出版社2016年推出由南帆、刘小新主编的“闽派批评新锐丛书”12种，收入“70后”“80后”闽派青年评论家的代表作品，包括：谢有顺《文学及其所创造的》、黄发有《跨媒体风尚》、吴子林《文学问题：后理论时代的文学景观》、郑国庆《美学的位置：文学与当代中国》、陈舒劼《意义的漩涡——当代文学认同叙述研究》、王毅霖《当代书法美学的反思与重构》、滕

① 2014年3月6日，时任福建省委书记的尤权在全国人大会议上回答记者提问时指出，把福建的特色充分发挥出来，深化改革是最好的选择。2014年8月29日，在福建省全面深化改革领导小组第二次会议上，尤权强调，深化文化体制改革要着力打响福建文化品牌，增强福建文化的凝聚力、感召力和影响力。

翠钦《话语的风景》、傅修海《现代中国文学考察笔记》、石华鹏《故事背后的秘密》、伍明春《现代汉诗沉思录》、林秀琴《当代文学与现代性经验》、练暑生《现代之后：历史与纯文学的游牧》。海峡文艺出版社 2016 年至 2017 年相继出版“闽派诗文丛书”5 种，包括谢冕主编的《闽派诗歌百年百人作品选》，刘登翰等主编的《闽派诗论》，以及蔡其矫、郭风、何为三位重要闽派诗人的作品集。

围绕上述研讨会和学术出版，不少学者发文对“闽派批评”做了回顾和展望，除了围绕前述学术活动的报道，前述学术著作的序言、评论，主要还有以下一些文章：南帆《闽派批评的中国立场》（《人民日报》2014 年 10 月 28 日），刘小新《“闽派”文论的现状与再出发》（《中共福建省委党校学报》2015 年第 7 期）、《从“闽派批评”到“新闽学”》（《学术评论》2015 年第 6 期），曾念长《“闽派批评”与新时期以来的文学思潮》（《福建文学》2014 年第 12 期）、《以“闽派批评”为“场”》（《福建理论学习》2015 年第 3 期），吴子林《“闽派批评”：当代中国文坛的“引擎”》（《名作欣赏》2018 年第 1 期）。

学者们讨论的重点集中在以下问题：如何定义“闽派”“闽派”批评的历史梳理和评价、“闽派”批评的特点、“闽派”批评的传承与重启。

如何定义“闽派”？仁者见仁智者见智。“闽派”并不是一个严格的学术定义或者真实存在的学术派别，闽派批评家们的学术观念也大相径庭。因此，从学术方面来定义“闽派”并无必要，现今所说的“闽派”更多是一个以地域来命名的概念。以这样的认识为基础，大致上形成三种看法。谢冕更倾向于用“闽籍”来定位①；南帆认为应该包括闽籍以及非闽籍但长期在闽工作的批评家；刘小新则持更加广义的看法，在南帆所陈述的两大板块之外，还有第三个板块——“由祖籍福建的台港澳暨海外华文文学批评家组成”，包括王文兴、余光中、蒋勋等人，他主张把“三大板块”都纳入“闽派批评”的视野，并建立“三大板块”紧密联动的机制，以最大程度提升“闽派”的能见度和影响力。②

“闽派”批评的历史梳理和评价，前文已多有涉及，此处不赘论。

“闽派”批评的特点？在“闽人好论”这个历史形成的“共识”之下，探寻“闽派”批评的特点对“闽派”批评在今天的重启无疑具有重要意义。一方面，闽派批评在 20 世纪 80 年代的强大声势要归功于独特的历史机遇，时势造英雄；另一方面，共享着相同的“时势”，为什么独独是“闽派”攫取了胜利的果实？从“闽派”自身来找原因，嗅觉、勇气、思想——这是大多数论者都有提及的“闽派”批评的重要品质。关注历史、回应历史，将学术与实践紧密相连，这是曾经辉煌的闽派批评留给今天的最重要的启示。诚如南帆所言，重提“闽派批评”“重要的是发现新型的话语平台，召回曾经活跃的批评精神”。③

① 谢冕：《燕园集记》，见氏著：《燕园集：谢冕文论精选》，福州：福建人民出版社，2015 年，第 293-294 页。

② 刘小新：《“闽派”文论的现状与再出发》，《中共福建省委党校学报》2015 年第 7 期。

③ 南帆：《闽派批评的中国立场》，《人民日报》2014 年 10 月 28 日。

身份认同：“传统的中断”与回归

——台湾光复初期小说创作解读

隋欣卉

“身份认同”是文化研究的一个重要概念，指个人与特定社会文化的认同，由它与生俱来三个问题在拷问着每个社会个体：我是谁？从何而来？到何处去？

台湾经过西班牙、荷兰、日本的殖民，直到第二次世界大战后光复，其间不知经过多少变化，特别是在日本人统治之下，受尽种种压迫。台湾光复初期的文学创作，尤其是小说创作，体现了时代变迁、语言转换、统治阶级及其思想文化更迭的大背景和风云变幻，是批判性浓厚的写实主义作品，全面刻画光复前后台湾社会的悲惨状况，“有一股抗议和控诉的激情隐藏在字句之间。”[①]

“要知道台湾的真面目，我们唯有等待台湾人拿出作品来。”[②]同理，时至今日，我们来探看光复初期台湾本省作家的小说创作境况，就会诧异地发现，在很多作品中会若隐若现、反反复复出现“身份认同”的焦虑问题，展现出了“身份认同”过程中的抛弃、回归、融合以及企盼等多个层面和视域，这些层面和视域亦成为世人对台湾人民民族认同、文化认同、国家认同的点滴透视和观瞻。

一、他乡是乐土？——“离乡”的结局终归是“死亡”

1894年中日甲午战争以后，日本殖民者根据其对外侵略扩张的需要，在台湾建立起一整套的政治、经济、军事、法律、文化、教育等方面的制度，特别通过“皇民化”运动，在台湾大力推行日语，把日语定位台湾的“国语”，同时逐步强行废止汉语，进行奴化教育，丑化中国，还强制推行改用日式姓名，倡导生活习俗日本化，改变宗教信仰等，使台湾人民向日本方式看齐。[③]台湾部分知识分子和民众对自己的民族产生自卑感，对于自己的民族文明产生怀疑甚至绝望，从而崇尚日本的教育和文化，希望摆脱自己作为殖民地“末等国民”的劣等地位，但往往不可得。

《桥》第109期刊发的黄昆彬小说作品《雨伞》[④]描写一位原想远赴日本东京求学，但却因船炸沉而逝的儿子形象。作品意在批判日本的思想教育对台湾青年的心灵毒害，妈寅在小船启动前，竟未向妈妈致告辞。当岸上妈妈挥着的手巾渐小，他却装作毫不关心，故

作者简介：隋欣卉，文学博士，福建师范大学闽台区域研究中心副研究员。

① 叶石涛：《台湾文学史纲》，高雄：春晖出版社，1987年，第79页。

② 钱歌川：《如何促进台湾的文学运动》，《中华日报》副刊《海风》，1948年5月13日。

③ 黄新宪：《关于日据时期台湾皇民化运动若干问题的探讨》，《福建论坛》，2005年第5期。

④ 黄昆彬：《雨伞》，林曙光译，《桥》第109期，1948年5月3日。

意不看。母亲担心东京快到梅雨期而要求儿子带上雨伞时，妈寅怒火爆发，他非不愿多带一把雨伞，而是觉得在朋友面前蒙受妈妈的照顾，不太好看。妈妈把雨伞缚在皮箱上，她的这一行为却好像使妈寅伤害了自尊心，他不高兴地说，一上了船，马上把它投入海中。母亲深深叹息，暗自饮泣。上船后的第五天，发生意外，人们争相逃上救生艇。当大家刚脱离危险时却听到悲痛的叫声“啊！不得了。我忘记了雨伞。”妈寅像“狂人似地站立在艇上，立刻跳入海中向本船拼命地泅去了。”为了取回雨伞，妈寅向着快要沉没的船游去，当船炸沉的时候，妈寅的一双脚也被炸断，因出血过多而生命垂危，但在那毫无血气的苍白的脸上，却现出莫大的欣慰，在垂死之前他好几次朦胧地喊着：“妈妈，雨伞，雨伞。看吧！妈寅还带着。啊！妈寅是不会把它弃掉的。”最后，妈寅带着微笑逝世。

在同一期《桥》上，主编歌雷对《雨伞》的代表性意义进行点评，认为“《雨伞》所描写的中心人物，据作者本人及其好友均很肯定地认为在一般青年中，很有潜在的意识与心理根据，除了这个心理的理由以外，我还想指出，它并且代表了一种数十年来的思想作用。”进一步来说，“一个强制的心理状态，与一种超精神的心理的满足或皈依，这一种心理是可悲而可怕的，在一种均衡的社会形态中，更不是合理的现象，更何况那是一般的现象。”[①] 在《桥》第 112 期上，姚筠以作品的主题为切入点，认为“这篇文字全然是以描写一种强制的心理状态和潜存的母爱意识为主题的。文中的主人公妈寅为了强制其极端的自尊观念和偏狭的勇武精神，故意把自己的个性显得竣严、矜持。装出极其霸蛮甚至冷酷的态度，以对其殷勤前来送行的母亲，表面上几乎使人看不出还有一点母爱观念的存在。但最后，当生命走在濒绝的边缘时，那个衷心潜存的意识终于揭露了；他在垂死前几次朦胧地喊着‘妈妈，雨伞，雨伞。看吧！妈寅是不会把它弃掉的’这正是真实人性的表露，是人的良知的共鸣，病痛揭破了他心理强制的牢索，透露出人类真实的母爱。”[②]

但在《桥》第 113 期上，与歌雷和姚筠的观点不大相同，阿瑞从《雨伞》的动机和主题技巧维度进行分析，认为“《雨伞》就其动机的性质而言：不过是普通的浪漫主义的一个作品。换言之：我认为《雨伞》的动机以一般的浪漫感情加予考察，以为是特殊的历史环境的产物之见解较为不失自然性。这就是说：不以民族性的立场，以人性的立场，对《雨伞》加予考察，比较能够接近作者的动机。”

应该说，经过日本殖民台湾数十年来的教化和思想禁锢——“一种数十年来的思想作用”，导致形成“一种强制的心理状态”，即台湾青年人一种自觉的弃汉媚日意识，自觉不自觉对中华传统文化进行抛弃和疏远，但是在潜意识中，母爱、良知和仁孝悌等儒家传统文化依然通过“母亲”的身体力行、言传身教对“儿子”产生潜移默化的影响，使其万变不离其宗。阿瑞的评价，出现了“民族性的立场”和“人性的立场”，是艺术审美独到造诣的体现，在《雨伞》一文中，“民族性的立场”和“人性的立场”的动机并不是对立的，相反，他们是共生共荣的关系和现象，即“人性的立场”与“民族性的立场”相呼应相昭彰，展示了作者对身份认同的严肃思考，只是“当生命走在濒绝的边缘时，那个衷心潜存的意识”才“终于揭露”令人倍感疼痛，但这也正从一个侧面反映出台湾居民身份认同的

① 歌雷：《我读黄昆彬的〈雨伞〉》，《桥》第 109 期，1948 年 5 月 3 日。
② 姚筠：《我也读黄昆彬的〈雨伞〉》，《桥》第 112 期，1948 年 5 月 10 日。

沉重感和艰巨性。

如果说，黄昆彬的《雨伞》塑造了一个叛逆的"儿子"形象，那么，邱妈寅的《叛徒》[①] 则别出心裁地描写了一个"学坏了"的"儿子"形象（相对于台湾乃至祖国母亲而言）——被日本殖民政策同化后背叛自己民族国家的台湾人苏靖彬可悲的结局。小说主人公苏靖彬认为"说台湾人是中国人，不如说多半成分是日本人"他为他的同志黄定所不齿，感到很气愤："我若是畜生，他们是什么？他们是猪狗，什么汉民族啦，革命啦，又是什么打倒日本帝国主义啦。哼！到底猪有什么用处，我老早就知道，台湾人根本都是应该轻蔑的，一点儿都不可靠，不是一点儿团结力都没有吗？拿手的只是倒戈，只会妒忌，"他只想做个平凡的日本臣民，现在连"同志"这样的称呼都使他觉得危险，当他被街上的警察叫住时惊骇万分。警察检查了他的学生证，知道他是台湾人后意味深长地说"台湾人也该为了日本天皇卖一卖力气"，他心里顿时无比惊喜。他对自己喜欢的日本姑娘原田节子说自己要回中国时，节子说"你，你是'支那人'呀!"然后想起什么似的转身跑了。从此，靖彬借酒消愁和陈西彦混在一起，整天说着"我都清楚，日本人跟中国人不同的，是一种可敬佩的一流的人种"。他虽然嘴里这么说，当自己一个人时也会委屈的潸然泪下，感慨"民族步步在解放，但我呢？步步走上灭亡"。靖彬当了日本人的志愿兵，在入营那天宣誓："我是神子天皇陛下的一赤子。决定以忠诚打退暴虐无道的'支那'"。忠于职守的靖彬很快升职，对属下极尽傲慢之能。他后来被派到太平洋的一个孤岛作战，死状凄惨。

主编在该期《桥》的《编者·作者·读者》中对《叛徒》进行推介，认为"《叛徒》是一篇值得一读的好作品，它充分讽刺了某一种知识分子狭窄的思想"。当代有些学者则从身份认同的角度予以赏析。陈建忠认为邱妈寅的《叛徒》"以战争期台湾人的'身份认同'问题为题材，写出台湾人的原罪宿命。"[②]

这种"宿命"是由一系列的矛盾和对立构成。他是台湾人，却认为台湾人应该轻蔑，说是中国人，不如说是日本人，进而只想做一个平凡的日本臣民，不认同"当一个日本的粗大兵不如当一个中国抗战的英雄"，但最终也事与愿违。他遇到警察叫住时惊骇万分，等到他认同"台湾人也该为了日本天皇卖一卖力气"，"决定以忠诚打退暴虐无道的中国"——他当了日本人的志愿兵，升职后对属下极尽傲慢之能，最终战死在太平洋的孤岛。

苏靖彬式的台湾人，受日本殖民政策同化，背叛自己的民族和国家，他虽然有过感慨"民族步步在解放，但我呢？步步走上灭亡"，但始终没有觉醒，离台湾乃至祖国人民距离越来越远，其可悲的结局则无法避免。如果说《雨伞》的"儿子"的死是因为"船炸沉"的意外，那么《叛徒》的苏靖彬，其结局是一种"宿命"。如果说《雨伞》的"儿子"的死，作者还有一丝同情和怜悯，那么《叛徒》中的苏靖彬，其死亡是作者的刻意安排，是一种鞭挞和批判。

二、回不去的故乡：挫折、虚无、失落

与"离乡"之人物形象相反的，在台湾光复初期有一批描写"返乡"人物的作品。这

① 邱妈寅：《叛徒》，潜生译，《桥》第168期，1948年9月27日。

② 陈建忠：《战后初期现实主义思潮与台湾文学场域的再构筑：文学史的一个侧面》，《被诅咒的文学：战后初期（1945—1949）台湾文学论集》，台北：五南图书出版股份有限公司，2007年，第35页。

里所说的“返乡”人物既指最初意义的“回到故乡”，比如光复后回到台湾的知识分子或平民百姓；也寓意指光复后，脱离殖民统治，重新回到祖国怀抱，开始新的工作生活的台湾人。

邱妈寅的《有个早晨的港口》[①] 是用第一人称创作的小说，由黄采薇翻译。早晨的港口，“我”意外地遇到在日本时的老同学高昌德，他身着蓝色西装与华美的红色领带。“我”的印象中他是个“恋爱少年”，因此便拿他过去恋爱时甜蜜的梦话和他开玩笑。但他已经不再认同过去的自己，因为战后他虽和恋人王小姐回到故乡台湾，面对的却是残酷的现实：父母都在敌机轰炸中死亡。他失魂落魄，如果所爱的女人愿意和他结婚并共渡难关，他以为生活还有意义，但连他最爱的女人也离他而去。于是，他远赴海外，信奉“达尔文主义”，通过努力获得成功。这时王小姐回来找他，但他的冷嘲热讽令她羞愧自杀。他听似冷漠的叙述或许让人觉得他是一个冷血无情的人，但他说话时的“表情却是多么苦痛”。后来，“我”和他经过纷乱的鱼市场，看到乞丐和更多的人为了“楼上的窗口，黑人的水兵，猿猴般地露出白牙从口袋掏出一束一万元的纸币”而叫出赞美的洋文，他如同“梦游者”说着“耻辱耻辱……耻辱”，并怒号着“走开！回去！”试图推开人群。人群并没散去，他自己反倒跌倒并被他人踩踏。他爬起来后“心中起了一种变化”，口中念念有词——“但是有一天……总有一天，我们的民族必得站起来！”

在作者的笔下，一个“恋爱少年”从对爱情的追逐与抛弃，从对王小姐的热恋到用讽刺致其自杀，再到对“落伍者”的嘲蔑，他有着“我”所不知的苦痛经历。即便是面对这样沉重的生活，他依然通过努力获得了成功，并且始终对自己的同学和同胞抱有深切真挚的感情。

借助高昌德这个切入点，作者写出了历经战乱的青年一代的追求与抉择：他们有自己美好的理想追求，同时也有沉痛的艰难困苦，他们是达尔文主义者，同时也是民族主义者，他们似乎冷酷无情，但是他们身上却真正地体现了纯粹无私的热情。他的人生集中体现了一代人追求感情、生活、理想并遭遇挫折的坎坷际遇。

王溪清的《女扒手》[②] 描述了一个日据时期被日军强制着去海南岛当炮灰，出生入死后回到思念已久的故乡台南的青年人形象。男主人公回到台南后发现父母过世，家也没了，只有一个哥哥在轰炸后的残骸上盖了一间小房子。他于是到台北来谋生，从亲戚那里借了六百元钱，却在公交车上被女扒手偷去。他不顾危险从车上跳下并追上了女扒手，像日据时代审问囚犯似的问了女扒手的姓名、年龄、住址。然后，他缓和语气问她扒窃的缘由，女扒手说自己的父亲以前为日本人做事赚了些钱，供养自己在日本人办的学校读书，光复后父亲失业又重病卧床，仅有的弟弟还未复原回来，没有做买卖的生路，家里已无钱买米，又不想去咖啡馆做女招待怕变成娼妓，于是才第一次冒险行窃。他觉得她可怜就将钱包送给了她，并劝她以后不要偷窃。正当他为自己做的好事而开心时，遇到了从前的战友庄镜洲，讥讽地告诉他这个女扒手是个水性杨花的骗子。他听后如一盆冷水从头上浇下，第二天就病倒在亲戚家。

① 邱妈寅：《有个早晨的港口》，黄采薇译，《桥》第220期，1949年3月14日。

② 王溪清：《女扒手》，潜生译，《桥》第173期，1948年10月13日。

这篇小说中悲惨的现实，包括主人公出生入死回到家乡，却发现失去家庭，父母双亡，身无分文，只好漂泊谋生，这些都只是背景，重点是要展示返乡人无法适应故乡社会的现实，集中展现单纯的善良遭遇复杂的社会时产生的悲剧。更令小说增加悲剧色彩的是主人公被欺骗的理由竟是与自己类似的人生体验，日本侵略者造成的苦难竟然成为招摇撞骗的噱头。诚如林瑞明所言"最后一段笔锋一转，前后对比反而凸显了人性扭曲的一面，更加深了全文的深度。战争不只使城市'完全成了废墟的样子'，潜伏的人性弱点，有时也因之扩张成为虚无的状态。"①

叶石涛的《汪昏平·猫和一个女人》②，作品批评台湾知识分子脱离人民大众没有改造社会的能力，自我迷失的状态，探讨台湾知识分子的命运进而思考台湾知识分子的人生道路应该如何选择。出身于地主家庭，经济富裕的昏平脱离现实生活，整日沉浸在耽美的幻想世界中。"昏平就是台湾知识分子的一型。不断地怀抱着想脱离这地上，而到天国的幻想，无异是一种抓住自己的头发，而努力于离开大地，升飞天空的幼稚的尝试。……他所需要的是美，他也没有听到人民的呻吟，更没有改造社会的气力，只为了充满自己的欲望而生存着。他不存有一个为人的条件。……只有冷却了的否认一切的虚无的思想。"作者借助小说人物之口，认为应该放弃不切实际的幻想，脚踏实地立足现实，通过辛勤的劳动来改造生活，改变命运，唯其如此，才能实现美好的社会愿景。

叶瑞榕的《高铭戟》③ 叙述的故事发生在光复前后，高铭戟是个深受好评的文明青年，他在日本读书，暑假回到台湾，渴望做一个伟大的文艺工作者，为此不论多么辛苦，都甘之如饴。暑假即将结束，该去日本上学的时候，因为战争原因，海上交通受到影响，无法回去上学，战争一年又一年的持续下去，"高铭戟的心，由焦急变为愤怒，由愤怒变为失望以至绝望。"不再想着去日本读书的事。1945 年台湾光复，高铭戟被聘请为教师。他不仅受过教育而且学的就是中国文学，中国语文他是能看能写的。因此，在光复不久的台湾是个最能胜任其职的教员。他很快当上训育主任，对工作认真负责，对学生严格要求。不久由祖国大陆来了一大批合格的中学教员，高铭戟虽未被解聘，但是不再担任训育主任，这对他而言是个挫折，从此"对于一切不像从前那么热忱了"，在母亲安排下娶妻生子。一天在报纸的副刊看到他自己学生的小说《没落》，不仅感慨万分"想不到在光复不久的台湾，学生们学习祖国语文的时间还不到三年，如今他们已有这种能力在文艺副刊上发表约有三千字的短篇小说。呵，孩子们是进步的，他这么想着眼前的一切就茫然了。不知什么时候一滴眼泪在他那略微起皱的面颊流下，滴在那报纸上面。"

林瑞明认为"叶瑞榕写出了光复前后一代，文学爱好者碰上文字障的悲苦。是一篇单纯的小说，但自有其时代意义。"④ 这种表述既有其正确的地方，亦有所不足，因为高铭戟"不仅受过教育而且学的就是中国文学，中国语文他是能看能写的。"因此他的悲苦并非源于文字障碍或语言困境，更主要的是因为"不再担任训育主任，这对他而言是个挫折，从此对于一切不像从前那么热忱了"。这里有着对于光复初期国民政府"恶性中国化"的一

---

① 林瑞明：《台湾文学的本土观察》，台北：允晨文化，1996 年，第 64 页。

② 叶石涛：《汪昏平·猫和一个女人》，潜生译，《桥》第 154 期，1948 年 8 月 18 日。

③ 叶瑞榕：《高铭戟》，《桥》第 169 期，1948 年 9 月 29 日。

④ 林瑞明：《台湾文学的本土观察》，台北：允晨文化，1996 年，第 64 页。

种抗议——即台湾本省人对光复后国民政府政策的无所适应和一时的茫然与失落。

三、第三只眼看“故乡”：“归向何方”的警醒

在光复初期的小说作品中还出现了一群特殊的人物形象，他们既是“返乡者”，又不是“返乡者”，他们既继承了汉族血液，但又确确实实离开了中华民族的怀抱，在台湾光复之初，行将走向他们自己的“归乡”之路。

这就是 1948 年 5 月 7 日《桥》发表的黄昆彬《琉球的孩子们》[①] 里的“琉球人”。小说围绕一场棒球比赛展开情节，故事发生于民国三十五年的晚秋，地点选择台北市，人物是在战争中被日本政府强制而来饱受了战争之苦的琉球人。

作者首先描述为了等待归乡的便船而由全省各地集中到台北的琉球人生活的凄惨状态与吃苦耐劳的精神。“为了生活实在除了劳力之外没有什么可卖的东西了！他们所分配的宿舍是大学的近边猪舍似的破屋，而每天靠着零细的配给好容易底维持着生活而已，但就是如此惨淡的他们的集团生活，亦由于他们的吃苦耐劳及互助共勉，减少了不少的痛苦。”更难能可贵的是，尽管如此，琉球人依然自信、勤劳、坚强。为获取本省人的好感，他们积极参加棒球比赛。“那天琉球人无论老幼都集到中山公园，××报馆主办的棒球比赛，他们也参加了。他们为了参加今天的比赛，已经从一个月前开始了团结与努力。那时候对于参加这种活动也出现了很强硬底的反对意见。因为他们考虑到以现在的境遇参加这种公开的活动，往往会惹起误会，不过因为本省人不看他们为日本人，并且常常对他们有同情，因而大多数的意见终于决定为了获得本省人的好感，而自动地参加比赛。”他们认真选拔参赛选手，为比赛的胜利而积极练习，大家为了让选手们多吃点而减食，整个群体呈现了活泼的气氛。在参赛过程中，他们弱小的体躯被对方击倒，衣衫褴褛的拉拉队还引起了××公司的轻视与嘲骂，但由于他们有着相当的自信，因而却毫不介意，并且充分发挥了他们的力量。由于观众席上的一个突发事件，琉球人最后在比赛中失败。投手的小弟慎吉，不堪嘲笑侮辱，以行动抗议了一个正在嘲笑的××公司的人。可是他立刻被推倒在地上。琉球人全部变了脸色，一齐站立起来，由于负责人的周旋，阻止了问题的扩大。这一事件对琉球的选手们给予了致命的打击。由于投手沮丧了意气，最终惨败。暮色中的中山公园，萤火虫散飞着，观众回去之后，琉球人围着投手小弟，不发一声地抽泣着。最后，作者为琉球孩子的未来归属而感慨万千，“啊！琉球的孩子们！你们要到哪里去呢？同样也是继承了汉族血液的你们，真的没有一个摩西出来领导吗？”

这里同样涉及“身份认同”的问题。作者感慨“同样也是继承了汉族血液的”琉球人，却因为政治的原因，时代的巨变，不知将要归向何方，更加凸显了像孤儿般不知归属的琉球人的悲哀。

四、对故乡的寄托：“想作为一个中国人的真挚的雄志”

在《桥》第 159 期，黄昆彬发表小说《美子与猪》[②]。文中写道，在某中学执教的丈夫

① 黄昆彬：《琉球的孩子们》，林曙光译，《桥》，1948 年 5 月 7 日。

② 黄昆彬：《美子与猪》，潜生译，《桥》第 159 期，1948 年 8 月 30 日。

世哲是一个“伪恶者”，因为“他本是一位极善良的学生，而偏要报念着自己是一个挂牌的不良者，不仅自己如此，还要让他人如此看待他”，他勉强地喝酒，努力装出自己是懒惰，衣着打扮也故意油头粉面，“好像觉得善良就是重大的耻辱，有损自己的庄严。”他不直率地对夫人表示爱情，如果有外人在，还要对夫人粗暴的逞威。当夫人委屈落泪时，他便显得心满意足。但这都并非世哲的本性，只是“伪恶者”的表现之一。

妻子美子随丈夫世哲来到台湾，在婆家的生活比较悲惨。“每天要给婆婆洗缠足的裹脚布，倒马桶，在会使人眩晕的火伞下，光脚上野地去取柴。”在东京长大的美子手掌开始变得粗糙，常常暗自流泪。她觉得因为自己是风俗、习惯、言语均异的日本人，所以，才会遭到公婆对她有意识的敌意和虐待。为了与婆婆这一辈老年人交流，美子既要学习闽南话，同时为了教育儿女，她又积极学习国语。当一次日侨遣送的时候，婆婆让她回日本，因为“世哲是有未婚妻的，对方是县参议员的小姐。”美子听后服药自杀，“伪恶者”世哲心疼不已，等美子痊愈后离开父母单独居住。“她那想作为一个中国人的真挚的雄志却常使我感动。她已会听一些闽南话，起码作为一个主妇是不会再觉得不方便了。并且还因为做了母亲而将教育儿女的需要，热心地念着国语。”

这篇作品在塑造人物性格方面，与之前的《雨伞》有共同之处，即对人类真挚、善良、淳朴、厚重的真实情感的压抑。《雨伞》的主人公深爱着关心自己的母亲，但却故意表现出讨厌母亲，只有在生命行将结束时才把对母亲的爱呈现出来。《美子与猪》中，丈夫明明深爱妻子，却把自己装扮成一个“伪恶者”，对妻子漠不关心，而当妻子自杀时却伤痛欲绝。如同姚筠在评论《雨伞》中所指出的，这些都反映出日本殖民统治对台湾青年们性格发展的消极影响。但难能可贵的是，在《美子与猪》中，不仅没有见到《雨伞》“儿子”类似死亡的结局，相反地，令人对世哲和美子的生活充满了幸福的期待和祝愿。

同时，邱妈寅的《叛徒》[①] 也写到一个日本女子回到台湾的片段和场景。作为苏靖彬爱慕的女子，节子对“支那”的认识也是有一个变化的过程。苏靖彬对节子说自己要回中国时，节子说“你，你是‘支那人’呀!”语气中含有对“支那人”的惊讶和质疑。战后，节子不堪日本生活的困苦，满怀憧憬地抱着孩子搭船去台湾。从对“支那”的不接受到接受，从不愿到台湾到战后回到台湾，体现了当时青年人对身份认同的变化过程和对未来生活的憧憬与向往。

通过细读以上作品，我们可以发现光复初期的文学创作，尤其是小说创作的意义。对于上述《新生报》上的小说，陈芳明曾做出并不十分准确的评价“这些作品都在描绘战后台湾社会的萧条与失序。主题虽各有异，却都指向一个焦点，那就是文化认同的问题。他们非常清楚，中华民族主义绝对不是轻易可以认同的。通过社会底层的庶民生活，他们共同表达了对政治体制的疏离、压抑、淡漠、冷酷的情绪，流动于小说的字里行间。”[②] 事实果真如此吗？当我们回到文本，回到历史现场，我们承认在被殖民已久的台湾要重新认同中华民族文化和身份，“不是轻易”的一件事，但以上所讨论的光复初期的小说作品，使我们认识到，许多如杨逵一样秉持着“台湾文学是中国文学一环”的台湾本省作家，通过自己的创作，皆在做着各种的努力——回归传统。

① 邱妈寅：《叛徒》，潜生译，《桥》第168期，1948年9月27日。

② 陈芳明：《台湾新文学史》上册，台北：联经出版事业股份有限公司，2011年，第255页。

从闽台张简、张廖、王游等姓氏看漳州客的复姓问题*

李积庆

一般来讲，“复姓”一词有两种含义：在古代文献中，一般指的是曾改从他姓，而后又改回原来姓氏，意为“恢复本姓”；在现代汉语中，“复姓”又多指由两字或多字构成的姓氏，如上官、欧阳、司马等姓，字面意为“繁复的姓”，后者意义的复姓，多来源于中国古代姓氏几种常见的命氏方法。① 随着社会的发展，也出现了一些源于两姓之合的复姓，即以两个姓氏叠加作为本族姓氏，这种姓氏在各地多有出现，西部地区的一些少数民族甚至出现由三个、四个姓氏组成的复姓。②

明清以来，一些客属地区也出现了由两姓之合复姓，如漳州诏安官陂的“张廖”、诏安秀篆的“王游”以及南靖书洋的“张简”等。③ 这些姓氏形成的情况不尽相同，但都有别于传统意义上的复姓：就“繁复的姓”意义而言，上述几个客家复姓，其家族成员通常（个别地区除外）不在姓名中直接书写两个姓，而当双姓并称时，通常是在一定特殊场合，如祠堂、族谱中出现，也作为家族口传历史宣扬本族来源或作为本族区分于同姓氏的特征之一；而就“恢复本姓”意义而言，这些家族有的改回了本生家庭的姓氏，有的则仍沿用寄养家庭的姓氏，因此并不能笼统地将这些客家复姓称为“恢复本姓”的姓氏。

探究闽台漳州客家复姓的特殊性，要将其置于闽台地区特殊的人文生态环境中考察，本文拟以漳州客家三个族姓作为个案，对闽台客家的复姓问题做一番探讨。管窥之见，求证于方家。

一、漳州客家人及其闽台渊源

我们所讲的漳州客家，一般指南靖、平和、云霄、诏安四县以及祖籍为以上四县迁往台湾的客家人。这部分客家人主要聚居在玳瑁山、博平岭东麓及其迤南地区，与闽南人

---

* 基金项目：国家社科基金重大项目“两岸关系族谱资料数据库建设”（项目编号：17ZDA214）阶段性成果。

作者简介：李积庆，历史学博士，福建师范大学马克思主义学院讲师。

① 中国古代姓氏的命氏方法复杂多样，在周代有以国为氏、以王父字为氏、以邑为氏、以官为氏等四种最基本的命氏方法，后来《风俗通》又归纳出五种，《通志·氏族略》则归纳出 18 种命氏方法。见陈光田：《战国私玺中所见古代复姓及其源流考》，《河南师范大学学报（哲学社会科学版）》2008 年第 2 期，第 144 页。

② 肖尊田：《城步的复姓与入赘》，《民族论坛》1989 年第 4 期，第 95 页。

③ 除此之外，较有影响力的闽台客家复姓还有惠州客属的范姜氏，大埔客属罗房氏，丰顺客属的陈林氏，龙岩客属的罗陈氏等。见吴中杰：《台湾漳州客分布与文化特色》，《〈客家文化研究〉通讯》第 2 期，第 86 页。

（福佬人）的族群势力相毗邻，“漳属四县”因而成为闽南话与客家话的双方言区。① 实际上，这条狭长的客家福佬族群的边界，一直到明代中叶以后才逐渐形成，而在此之前，上述两大族群间并不直接接触，玳瑁山、博平岭东西麓主要为畲族聚居区。自明中叶开始，随着大量畲族民变（“畲乱”）被镇压，以及国家在闽粤赣边区设立新的行政机构，并大力推行教化，闽西南地区畲民的汉化进程加速，另外还有大批畲民迁移往闽浙赣地区。这个历史契机，使客家势力得以从汀江流域逐渐渗透到漳州四县地区，从而奠定了当今闽客势力对峙的族群分布格局。②

“漳属四县”的客家地区，其多为地理位置偏僻的山区，在宋元时期向为“盗贼渊薮”，如本文所探讨的复姓家族所在的诏安官陂、秀篆，南靖梅林都曾是畲洞地区。③ 直至明清时期，诏安官陂、秀篆地区被视为国家治理的难区。④ 随着明末清初人口的迅速增加，人稠地狭的矛盾促使大量客家人向外迁徙。从清代康熙年间起，漳州各县客家不断向外迁徙，台湾成为重要的迁徙目的地。明清以来，来自“漳属四县”的客家人有可能占漳州来台人数的一半以上。⑤ 随着这些客家人在台湾落地生根，开枝发叶，一些家族成为台湾的大姓，据统计，漳州客家后裔在台的已有近两百万人之多。⑥

本文所讨论的张简、王游、张廖家族在闽台均有一定的影响。根据族谱记载，南靖张简氏，其一世祖简会益在北宋时期由江西宁化石壁避乱，后迁居永定太平里洪源村开基，元末明初，九世祖简德润，始入赘南靖梅垅张姓，而成为张简姓的开基祖。简姓后世迁居各地，“自是由上杭永定而广东，及近而徙居南靖台湾者比比矣”。⑦ 其族人迁居台湾以简德润一支人数为最多，据《永定范阳简氏洪源会益公族谱》《枫林简氏谱》的记载，有清一代，简姓各派迁台人数累计近 300 人，自简德润下传的第八世开始迁台，至十一世为迁台高峰。

诏安秀篆王游氏，为乐山派系廿四公支系，根据族谱记载，诏安王游氏的先祖二三郎

---

① 见庄初升，严修鸿：《漳属四县闽南话语客家话的双方言区》，《福建师范大学学报》，1994 年第 3 期；李如龙，庄初升，严修鸿：《福建双方言研究》，香港：汉学出版社，1995 年。

② 谢重光：《明代畲、客、福佬在闽西南的接触及客家势力的发展》，《漳州师范学院学报》（哲学社会科学版），2005 年第 4 期，第 74 页。

③ 如元末畲民起事时，许多畲民逃入闽西南畲洞，如《元文类》载：“至元十六年五月降旨招闽地八十四畲未降者，十七年八月，陈桂龙父子反漳州，据山砦，桂龙在九层漈畲，陈吊眼在漳浦峰山砦，陈三官水篆畲，罗半天梅龙长窖，陈大妇客寮畲，余不尽。”其中水篆就是今天的诏安秀篆镇，而梅龙长窖则为今天的南靖梅林镇。见张溥：《元文类》，卷 41，《四库全书》，明段君定刻本，第 612 页。

④ 诏安官陂、秀篆在属于诏安二都地区，陈盛韶在《问俗录》称：“二都去县治远，民强蛮，被控不至。……就一省论，漳、泉、台湾治，则福建治矣；就一县论，二都治，则诏安治矣。”（清）陈盛韶：《问俗录》（标点本），卷四，北京：书目文献出版社，1983 年，第 93 页。

⑤ 林嘉书指出，历史上漳州府属各县向台湾迁移，并非像以前许多著述说的是沿海迁移台湾比山区多，而是高度集中于山区的南靖、平和、诏安、漳埔等县，而漳州府属迁移民众占全台总人口的 35.2%。另据李坤锦统计，漳州客占台湾总人口的 13%~15%，故漳州客家人将近约占漳州迁移台湾人数的一半。详见林嘉书：《南靖与台湾》，华星出版社，1993 年，第 6-31 页；李坤锦：《诏安客家人在台湾的开垦与分布》，《客家文化研究通讯》创刊号。

⑥ 在明清时期，仅南靖县就有 50 多个姓氏、3 600 多客家人移居台湾，目前台湾有 40 几万南靖客家人后裔。而在清代，诏安客家有 39 个姓氏、2 000 多人移居东渡，繁衍至今有后裔近 60 余万人。刘焕云：《台湾漳州客家人的宗族意识与组织》《闽台文化交流》2012 年第 4 期，第 51 页。

⑦ 佚名：南靖书洋《简氏族谱》，清末抄本，不分卷，载陈支平主编：《客家珍稀谱牒文献丛刊》（099），广州：广东人民出版社，2017 年，第 10 页。

公在宋末元初时，从江西抚州府临川县迁至江西坝头，共生九子，其中六郎乐山公移永定，生三子：长房永定泰溪五九郎、次房平和秀峰六三郎、三房诏安秀篆二四郎。① 到了明代永乐年间，游念四（二四）公的长孙游七十七公（信忠）收养王姓养子，此为王游得姓之始。秀篆游氏开基台湾的时间，据续修者游景物言，系早在明嘉靖年间，迄清乾隆时，已繁衍至数百人。1947 年游景物游台时，则知分布于宜兰县罗冬与台北南势角的宗亲已达万余人之多。② 王游分别以冬山乡和员山乡为发源，遍布宜兰各乡镇。

诏安官陂张廖氏，其祖先廖任光在元末明初时，从福建汀州宁化县下村迁入诏安县二都官陂社坪寨村，传至三世廖化（廖三九郎），其因膝下无子，招原籍为云霄西林和尚塘的张愿仔（又作张元子）入赘为嗣。张愿仔改为廖姓，在临终前曾誓："生当姓廖，死必姓张"，由此"活廖死张"的习俗世代相承。明清时期，廖姓族人迁台以张愿仔派下居多，其族人在清康熙年间入垦云林县西螺、二仑、仑背，现在已经成为当地人口数最多的姓氏。③

尽管漳州客家移民数量可观，但是其客家人身份在当时不仅没有得到官方的认可，许多漳州人也没有形成自觉的客家人认同。这种情况的产生，与"闽为福佬、粤为客家"的以省籍划分族群的观念有很大关系。这种观念不仅在各类史籍志书多有记载，民间百姓也常以省籍互称"闽、客"，如一份清代纪事称"粤称闽人曰福老，谓福建人也……客子指粤人，以其籍隶广东，与我闽有主客之分也"，④ 即是此例。在日据时期的台湾，这种观念仍具有较大的影响。⑤ 另外，漳州客家话的语音虽与汀州客家话相近，却与被认为是正统的粤籍客家话差异很大，这就造成漳州客家人误认为自己所说的语言，只是闽南语的另外一支而已。特别是在闽南话的强势下，许多漳州客在语言上认同了闽南话，加之"闽为福佬、粤为客家"族群划分影响，使得许多漳州客成为所谓的"福佬客"，⑥ 变成"隐形的客家人"。

随着台湾族群研究的深入，漳州客家人的身份才逐渐被重视。林衡道是福佬客研究的先驱，他从福佬客聚落着手，发现了一些福佬客昔为客底的事实。⑦ 洪惟仁在调查全台福佬话的分布时，将云林的仑背、二仑一带不是说福佬话的客家人提出来，使得他们的客家身份开始受到重视。⑧ 罗肇锦先生的《漳泉斗的闽客情节初探》，从语言和移民的历史背景来看，"漳泉斗"其实就是另一种"闽客斗"，这里的的"漳"，指的是漳州南靖、诏安、平

① 林嘉书整理：《秀篆游氏家谱》，民国抄本，载陈支平主编：《台湾文献汇刊》第三辑第二册，北京：九州出版社，2004 年，第 581 页。

② 庄为玑，王连茂：《闽台关系族谱资料选编》，福州：福建人民出版社，1984 年，第 375 页。

③ 廖丑：《昔日之"西螺七崁"及其武功研究》，《云林文献》，1996 年，第 100 页。

④ 卢尔德嘉：《剿平许逆纪事》，载《凤山县采访册》，台北：台湾银行经济研究室，《台湾文献丛刊》第 73 种，1960 年，第 427-428 页。

⑤ 连横在撰写《台湾通史》时，也以省籍方式来认定客家人之身份："台湾之人，漳、泉为多，约占十之六七；粤籍次之，多为惠、嘉之民，其来较后，故曰'客人'，亦有福建汀州。"见连横：《台湾通史》，《户役志》，台北：台湾银行经济研究室，《台湾文献丛刊》第 128 种，1962 年，第 156 页。

⑥ 吴中杰：《台湾福佬客分布及其语言研究》，台北：台湾师范大学华语文教学研究所，1999 年，第 3-5 页。

⑦ 林衡道：《员林附近的福佬客村落》，《台湾文献》，第 14 卷，1963 年第 1 期，第 153-158 页。

⑧ 见洪惟仁：《消失的客家方言岛》，《客家风云》1988 年第 5 期，第 13-17 页。

和等地的客家人。[①] 随着台湾客家运动的兴起，漳州客在官方、学术界以及地方精英的多方推动下，形成了文化的自觉，按照当前台湾客家腔调分类，诏安客家话是“四海大平安”[②]中的一支，即是此例。随着台湾漳州客文化表述的增多，这在一定程度上对原乡的漳州客家意识的觉醒以及客家文化研究也产生了推动作用，漳州客的闽台渊源与互动可见一斑。

二、漳州客家复姓家族改姓的类型分析

在中国传统社会中，姓氏的继承和延续受到格外的重视，子承父姓是姓氏的基本传承方式。子孙奉祀祖先，讲究本族姓氏血脉的纯正单一，所谓“鬼神非其族类不欲其祀，重一本也”。[③]然而，在具体实践中，常常出现无法承袭父姓的情况，都有可能。如明代方孝孺曾指出：“自秦汉降，或更于俗主之赐，或以避仇而易，或以避嫌而变，或以委身他族而弃其族”。[④] 在历史上，因赐姓、贬姓、避仇、避讳等政治因素，以及因各种家庭变故的非政治因素而改姓的情况时有发生。就漳州客家复姓家族而言，先祖改姓主要是“委身他族”，具体又有过继、乞养、入赘、随母嫁等类型。

（一）入赘

入赘，或称招婿，原为母系家族婚制，这是从妻居、服役婚等古婚遗俗的发展。在父权社会，入赘风俗得以延续，传宗接代的观念是最主要的原因。如一些家庭“老而无子”，于是赘婿“以尽余年”，还有的是“买女赘婿”或“孀妇赘男”，目的是“承禋祀，守丘墓，分守家业，仰事俯畜”，[⑤]继承血脉，并保证本家业不至衰败。南靖张简氏和诏安张廖氏均是入赘家庭产生的。

根据记载，南靖张简氏始于简德润入赘南靖梅垅张姓，成为长窖肇基祖。而简德润入赘张姓家族，源于张姓儿子早夭，需要延续香火。《长教大宗祠传世录（长教即长窖）》曰：

> 始祖考简四先生，讳德润，号居敬，开华公之四子也。于大元至正元年（1341年）自汀州府上杭县太平里洪源村（原书注：永定县管辖地方），游学至漳州府南靖县永丰里梅垅村，教授生徒。闻五里之外有村曰长窖，山川秀丽，风俗淳厚，因来游其地。时长窖有一老成人，姓张讳进兴，年高而子早丧。见公才貌俊雅，器宇不凡，遂留宿其家，再三肯公继其后，愿将所聘之媳为公之配。公因归禀双亲许诺，乃复来长窖继张户籍（原书注：系简兴、张祥纬二户是也）。自

① 罗肇锦：《漳泉斗的闽客情结初探》，《台湾文献》1998年第4期，第112-113页。

② 以客家话腔调区分，台湾客家族群可细分为所谓的“四海大平安”（四县、海陆、大埔、饶平、诏安）五种腔调，其中北部桃竹苗与南部六堆地区的客家族群盛行四县、海陆与饶平等腔调，而云林、彰化一带则以诏安腔为主。见廖经庭：《世代变迁中的客家研究——读《〈年轻世代与客家社会、文化之研究：以云林诏安客家族群为例〉》，《全国新书资讯月刊》，2014年4月号第184期，第33页。

③ 陈盛韶：《问俗录》卷4，北京：书目文献出版社，1983年，第86-87页。

④ 方孝孺：《丁氏复姓序》，《逊志斋集》卷13，《四部丛刊初编》，上海：商务印书馆，1936年影印本，第15页a、14页b。

⑤ 陈盛韶：《问俗录》，卷四，北京：书目文献出版社，1983年，第86页。

是，进兴公视之犹子，德润公亦视其犹父，爰居爰处，爰得我所，后复在梅垅坂上教读。[①]

台湾台中《简氏家谱》抄本对简德润的记载大体相同，对一些细节的描述更为具体和生动：

邻社张窖（长窖）义祖张进兴公子早夭，家产颇殷。媳妇刘氏孝行纯笃，欲从事舅姑，不肯他适。张公感其孝行，愿招才之士，以成其志。素闻我祖德润公宽宏大度，遂求入赘，生子八人，明洪武四年，在张窖入籍张姓。为永丰里九甲里长。至洪武九年，抽充兴化府平海卫普禧千户所军一名。[②]

可见简德润入赘张家，改为张姓，并继承了张家产业，承担家族服役和一些地方事务。张廖家族的改姓情况与张简大体相同。根据《云林县廖氏大族谱》所载，明洪武七年，原籍云霄西林村和尚塘张天正的第三子张愿仔（字再辉），为张天正之三子，受白莲教乱事影响，避居到官陂（时称二都）游学教书，经常住在廖三九郎家，廖家膝下只有一女名大娘，廖三九郎见张愿仔善良朴实，忠厚勤勉，遂将他招赘为嗣，待若亲子，并将全部田园产业交其掌管。张愿仔入赘后改名为廖元子，后代子孙也有称其为张元子公。

诏安入赘盛行，直到清代中叶，入赘仍十分盛行，道光年间，陈盛韶在诏安为官，在《问俗录》一书中记录了当地的入赘风俗。在入赘的时候，双方当事人会事先约定所生子孙的姓氏问题，“于是有约定初生之男从妻族，再生之男从夫族者。有生从妻姓，没从夫姓者。”[③] 张廖家族正是“生从妻姓，没从夫姓”的典型例子。

（二）过继或收养异子

诏安秀篆王游氏是收养继子的一个典型例子。族谱载：

太祖考始祖公王念八公。公讳宝生公，姓王氏，其生年卒月无传焉，系出汀州府宁化县南门王家巷人。大明永乐年间自汀移来漳浦县[④]二都秀篆埔坪关硿下村居住，复移井头村，因改其地，号曰洋亦垅。

远祖太宗考。游七十七公，讳信忠，为人仁厚，当时与前溪为兄弟相鞠。公视为己子，公幼幸凭依赖，遂改姓游氏，娶陈氏女配焉。其生年卒月无所稽考。[⑤]

王宝生（念八公）为王游的“太祖考”，游信忠（七十七公）则为王游姓的“远祖太宗考”。二者生前有莫逆之交，据秀篆埔坪村王姓后裔是王念八于明代初年从宁化石壁来到

① 佚名：南靖书洋《简氏族谱》，清末抄本，不分卷，载陈支平主编：《客家珍稀谱牒文献丛刊》（099），广州：广东人民出版社，2017 年，第 13-14 页。

② 简祥茂：台湾台中《简氏家谱》，1926 年抄本，不分卷，载陈支平主编：《客家珍稀谱牒文献丛刊》（099），广州：广东人民出版社，2017 年，第 68-69 页。

③ 陈盛韶：《问俗录》，卷 4，北京：书目文献出版社，1983 年，第 86-87 页。

④ 诏安县二都原属漳浦，明嘉靖九年（1530 年），朝廷把漳浦县的二、三、四、五都割出，设立诏安县。

⑤ 林嘉书整理：《秀篆游氏家谱》，民国抄本，载陈支平主编：《台湾文献汇刊》第三辑第二册，北京：九州出版社，2004 年，第 421 页。

秀篆以铸铁为生，娶妻江氏传下先益，在先益未满周岁念八公不幸身亡，与念八公身前有莫逆之交的游忠信将先益抚养成人并分给田产和房产。而后，先益随忠信姓游，复姓王游，新中国成立后改单姓王。因此，在盘石楼祖祠祀王念八为始祖，游忠信为远祖。

王游二姓渊源颇深，根据秀篆王游二姓族谱族谱记载：先益过继后，游姓子孙繁衍，分居于龙潭、溪唇、北坑、拱涯洋、安美等村，而原来的王姓自先益过继后，逐渐衰弱，人丁稀微。为此，迁台开基立业的游姓十二世游祖送又从台湾返回龙潭，过继给王姓为嗣，使王姓人丁再度兴旺。王游二姓关系密切。原龙潭兴建家庙“盛衍堂”成为二姓的纽带。每逢盛大节日，家庙门口所挂灯笼，一面写“王府”，一面写“游府”。说明二姓存在着过继的传统。

（三）从母嫁

从母嫁主要有两种情况，一种是由于生父去世，母亲改嫁后，原生家庭的孩子改为寄养家庭的姓氏。涂游氏则是从母嫁的一个变异，本质上也还是从母嫁。《秀篆游氏家谱》里载有《涂游兴序》写了其始祖游二十四公续弦生子后，有子改为涂姓的情况：

> 我始祖原先在汀州永定月留村居住，移居秀篆乡，原先娶曾氏大娘，……我祖妣辞世，复继娶祖妣杜氏二娘，原先配霞葛涂姓，未有生育，后配太始祖为继室，生下四男，晚男立霞葛涂姓为男，而隆烟祀，乃是涂游兴。二家亲故血一脉所传，后共立同户，俱各子孙永远昌盛。[①]

从上文可以看出，游姓太始祖续弦继娶杜氏二娘，杜氏原先配霞葛涂姓，生下四子后，最小的儿子改姓涂姓，涂游“共立同户”，这是“复姓”的另外一种发展状态。

三、南靖张简氏“从张到简”的复姓过程

与改姓现象同时并存的就是复姓现象，历朝历代的复姓现象各不相同，自明初开始，朝廷将复姓作为国家教化体系的组成部分而大力支持。[②] 随着国家教化的推行和宗族社会的发展，一些宗族的精英便自觉地将儒家的孝道应用于本族的实践中。一些祖先因故改从他姓的宗族，随着其子孙取得一些政治和经济地位，他们会试图以恢复本姓以遵循孝道，敦厚风俗。我们简要分析南靖张简氏的复姓情况。

洪武四年（1371年），简德润30岁，始入籍张姓，改名为张德润，他不仅继承了张家财产，也承袭担任诸如里长等地方事务。德润生八子，传到儿子一代，所生子女仍冠以张姓。南靖族谱有《枫林祠传世序次录》对第八子张班（贵信）进行记载：

> 讳贵信公，仕官名张班，谥十二郎。德润公之第八子也。浩然有志，出居靖（南靖）邑东门外塞场，……往南靖候选，洪武七年由吏员出身升南京户部主事。按《明纪》：“公文武全才，永乐成祖文皇帝十五年为陶安参政，保全三郡，时番

① 林嘉书整理：《秀篆游氏家谱》，乙本（发里房），民国抄本，载陈支平主编：《台湾文献汇刊》第三辑第二册，北京：九州出版社，2004年，第535-536页。

② 汪维真，牛建强：《明代士人复姓现象及其文化意涵》，《历史研究》2014年第6期，第113页。

> 羌强侵，众朝臣奏称：张班能文能武，英才过人，辞章华国。”赍旨和番，功成荣归，即卒于南京不回。诰赠祖妣一品夫人谥贞懿林氏。我祖加赠何官不见详明，此节最为可憾。后望空招魂与子璇合葬……昔传我祖侧室生子居南京小西门外，孙支殷富，未知果否。①

关于二世张班的事迹，官方史籍或地方志书并无记载，所谓的《明纪》记载之事，应属子虚乌有。张班从一个吏员出身直接升为南京户部主事，不符合明代官制，所述或为后人所杜撰。其历史真实性虽然值得商榷，但却间接反映一个信息：简德润传至二世，族人仍姓张，此时尚未复姓。

而该族传到第三世也未复姓。简德润的第三子简贵祯“志在四方，自往广东潮州府潮阳县古梅州，悬隔异省，杳无音信，”其妻许氏“不肯从夫移去广东，终身守节”，但可能简贵祯在外娶妻生子，因此其子到漳州地界寻根问祖，但因当时地名原有地名改变，而未能如愿。族谱载其事：

> 有三世孙来至漳州地界问有简继张户籍者何在，邑人答曰：“有人姓张，无人姓简”（原书注：时简姓未著，凡外出者皆称张故也。）遂迷失去处，因遗玳瑁梳一片并诗一首，其诗曰：“江波支派向东流，寻溯源泉不见休。举眼纷纷南驿路，寄身寂寂古梅州。几行音信烦君达，一片玳梳为我酬。本欲归宗谒我祖，筮龟未卜是何秋。”②

台湾台中《简氏家谱》载贵祯公一派在“永乐年间，有嗣孙来到漳州府地方，寻认祖宗，因前南胜县改为南靖，且昔日姓张简二字致迷去处，只寄玳瑁梳一片。”③ 南靖原名南胜，元至治二年（1322 年），析龙溪、龙岩、漳浦三县交界地域建置。至正十六年（1356 年），南胜县治迁至兰陵（今靖城），改名南靖县。而简德润入赘张进兴家是在明洪武之后之事，故以县名变异为认宗失败的原因，其理由稍显牵强。而当时“有人姓张，无人姓简”可能是真正理由，原因是当时（第三世时）当地的简姓仍称不上“望族”，所以张简氏对外均称张姓，张姓家族仍比较强盛，“时简姓未著，凡外出者皆称张故也”说明了个中缘由。

在闽南客家地区，本族姓的强大与否对一个家庭有很大关系，所谓“强凌弱，众暴寡，福建下四府皆然”，在诏安地区“小族附近大族，田园种植，须得大族人为看管，方保无虞。”④ 可见，在这些地区确实存在宗族以强欺弱的现象。如果一个族姓不够强大，还是希望攀缘大族而不敢遽然复姓。

简氏复姓应该在第四世。族谱载德润公“传至四世，众裔孙建立大宗祠，享祀不二，

① 佚名：南靖书洋《简氏族谱》，清末抄本，不分卷，载陈支平主编：《客家珍稀谱牒文献丛刊》（099），广州：广东人民出版社，2017 年，第 16-17 页。

② 佚名：南靖书洋《简氏族谱》，清末抄本，不分卷，载陈支平主编：《客家珍稀谱牒文献丛刊》（099），广州：广东人民出版社，2017 年，第 14-15 页。

③ 简祥茂：台湾台中《简氏家谱》，1926 年抄本，不分卷，载陈支平主编：《客家珍稀谱牒文献丛刊》（099），广州：广东人民出版社，2017 年，第 77 页。

④ 陈盛韶：《问俗录》，卷 4，北京：书目文献出版社，1983 年，第 92 页。

馨香万年。"① 四世族人把德润公奉为一世祖，而简德润的养父母奉为"义祖"，其族谱有《义祖张公谱录》载：

义祖张进兴公……仝祖妣盛氏合葬……祭租逐年于春季社日并于冬季十二月初一日祭扫二次，其神主立配祀长窖大宗祠正龛内。②

每年祭扫坟墓，其次将其神位立于正龛之内，虽然不是主祀，但也足见后人对其感念。同时也说明这时已经改为简姓了。这个复姓与简姓的实力有关。

另外，原生家庭与寄养家庭有互动，特别是原生家庭一些有功名及社会地位的人，也促进了简姓进一步"复姓"。由于元末明初时，简德润将原来太平里的始祖坟墓迁至梅垅村，因此在明中叶时有原乡的族叔来谒祖。

"嘉靖三十七年，有太平里族叔为州判讳策公、省察讳要、生员讳廷美前来认宗，称原籍系江西、宁化府，如我福建御史讳宵系上祖分支也。时传有册底存证，至万历元年癸酉户长讳世珠修立族谱。"③

当时从永定（永定设县为明成化十四年，1478 年）太平里来的原简姓宗族的精英分子前来认宗，将南靖梅垅简姓一支视作同宗，并且为宗族梳理了本族的祖源，而本族在万历年间修族谱，族谱仍然是以简作为姓氏。

族谱还记载了许多回乡拜祖的后裔登科第。读书应举的成功对于一个家族的具有相当大意义，士人取得科名，就获得了政治和经济资本。这些后代基本上都以简姓示人，足以显示简姓家族其后确实是昌盛。

"明天启五年，有广东潮州府海洋（阳）县枫溪村（原书注：即古梅州），简讳廷辉系天启四年甲子科举人，回乡谒祖挂牌，称'贵祯公八世孙'；今大清乾隆三十七年，又有番隅县辛卯科举人简荣，回乡谒祖挂牌，亦称'贵祯公十二世孙'；又乾隆丁丑赐进士简昌麟，回来谒祖。"④

简姓开始兴旺，一方面是简德润为人忠厚，做事精明，所以在家族中有一定地位，其次与同宗简姓的互动有关。另一方面简德润"明洪武四年，在张窖入籍张姓，为永丰里九甲里长。至洪武九年，抽充兴化府平海卫普禧千户所军一名。"⑤ 前者说张家殷富，简德润继承了张进兴的家产，加上自身的努力，俨然成为当地较为殷实之户。族谱记载：

① 简祥茂：台湾台中《简氏家谱》，1926 年抄本，不分卷，载陈支平主编：《客家珍稀谱牒文献丛刊》（099），广州：广东人民出版社，2017 年，第 68-69 页

② 简祥茂：台湾台中《简氏家谱》，1926 年抄本，不分卷，载陈支平主编：《客家珍稀谱牒文献丛刊》（099），广州：广东人民出版社，2017 年，第 75 页。

③ 佚名：南靖书洋《简氏族谱》，清末抄本，不分卷，载陈支平主编：《客家珍稀谱牒文献丛刊》（099），广州：广东人民出版社，2017 年，第 16-17 页。

④ 佚名：南靖书洋《简氏族谱》，清末抄本，不分卷，载陈支平主编：《客家珍稀谱牒文献丛刊》（099），广州：广东人民出版社，2017 年，第 15 页。

⑤ 简祥茂：台湾台中《简氏家谱》，1926 年抄本，不分卷，载陈支平主编：《客家珍稀谱牒文献丛刊》（099），广州：广东人民出版社，2017 年，第 68-69 页。

始祖德润公想六男分爨，在长窖兼承军民二役，患日后子孙参差难抵，门户所置产业分为六股，外另抽祭田军田，付六房轮流。十年一替，收祭祖坟，当军所费，佥将祭田开列于后：一抽祭太祖一评士公田受种三斗，共载租二十石，址在梅垅坂上；一抽祭四先生并祖妣尝田，受种三斗载租□石□斗，址在佛仔寮，又尝田三斗，址在老厝后；一抽军田受种一石，址在田地，载租□石□斗，又田受种二斗，址在黄田坑口，载租□石□斗，又田种一斗，址在猪母桥。①

简姓为了将复姓合理化，于是有了迁祖坟的风水传说。南靖简氏族谱《长教大宗祠传世录》载：

时有赣州府兴国县曾茂庭先生，精于地理，投宿书馆中，公优礼待之，因感公厚谊，为择一吉穴于梅垅九龙埔上，号曰走马扳鞍踏镫穴，此可为世世子孙昌盛不替之地也。公即喜甚，因回洪源私迁曾祖一评士公骸礶来葬。于斯此可见公之仁孝备至也。②

族谱通过风水先生的故事，既交代了简德润将曾祖父一评士公骸骨从洪源迁至默林村安葬，为今后复姓提供了事实基础；也借此说明正是因为祖上风水的原因，使得本族兴旺昌盛。

四、张廖氏“一嗣双祧”复姓的具体实践

尽管明清以来，复姓收到主流社会的支持，然后在现实中能做到复姓的家族却不那么容易。在一些因入赘过继的改姓家庭，时常还会出现一些问题。如清代陈盛韶注意到诏安地区的入赘常使得诉讼争端频发，宗族血脉纯正亦受影响，入赘的人“更有恋其妻，贪其产，直忘所本来者。倘窃妻而逃，不顾赘父母之养，即讼端起焉。夫随嫁儿得以承宗，鬻义子得以入祠，吕嬴牛马，诏安氏族之实已不可考矣。”③“直忘所本来者”，意思是入赘者不再顾及本生家庭姓氏，“倘窃妻而逃，不顾赘父母之养”则是不感念养父母之恩，这些受到了以陈盛韶为代表的儒家知识分子的极力批判。

一方面是子承父姓的传统伦理的影响，“姓之不可紊”；另一方面是养育之家有恩于己或是祖上，遽然复姓，是不念抚育之恩。因此，如何做到生父母与养父母两者兼顾，既尊祖敬宗，遵循孝道，又延续香火，感念养育之恩，做到“恩义曲全”，两全其美，这是复姓家庭要考虑的问题。台湾大寮乡张简氏有谚语云：“姓张简仔是惜情分，姓简仔是惜本分”，为什么姓张简是讲究情分，而姓简则是本分呢？张廖氏的“一嗣双祧”就实现了孝道与报恩中求取平衡，体现了后世族人对儒家伦理的把握与活用。可以为我们解释何为情分，何为本分。

① 佚名：南靖书洋《简氏族谱》，清末抄本，不分卷，载陈支平主编：《客家珍稀谱牒文献丛刊》（099），广州：广东人民出版社，2017年，第16-17页。

② 佚名：南靖书洋《简氏族谱》，清末抄本，不分卷，载陈支平主编：《客家珍稀谱牒文献丛刊》（099），广州：广东人民出版社，2017年，第13-14页。

③ 陈盛韶：《问俗录》，卷4，北京：书目文献出版社，1983年，第86-87页。

张愿仔入赘廖家后，改姓为廖。传说洪武年间，廖姓家族内有犯国法不容赦者，逃逸无踪，按法将株连廖氏全族。张愿仔挺身而出，以廖氏族人的身份，帮助廖氏家族打官司，官司拖延多年，张愿仔在结案的返家途中病危，于临终时遗嘱独子廖友来："吾深受外祖父母知遇之恩，欲舍命图报，未能如愿，汝当代父报答，子孙生当姓廖，以光母族，死当姓张，以存子姓，生死不忘'张廖两全'。"于是，其子廖友来便立誓："凡我子孙，生则姓廖，殁后书张，不违祖命，以报廖公之德。父本姓张，来源于河南清河郡衍派，云霄西林和尚塘有祖迹，以后应回祭祖扫墓，以尽孝道，若移居外地，姓张、姓廖由其自便。"①

现在台湾的西螺七崁是张廖氏的重要聚居地。"七崁"又名"七欠"，据说有两种说法，其中一说法是在清朝时期，将所有双廖（张廖）氏所在的二十五个聚落依据其经济状况与人口丁数分成七大角落，称七崁；另一说法是七崁之所以称七欠，是因为七条祖宗遗教，以此传后勉励后代子孙，又称为"七崁箴规"。族谱以"箴规"的形式，将张廖氏的祖先誓言、伦理道德以及禁忌等规范化，对族人具有一定的约束作用，也将本族与他族的家族史划清界限。因而，"七崁箴规"应被视为台湾张廖氏对本族姓家族历史记忆的再建构。

第一，希望明确家族来源。如规定了第一崁"生廖死张，故曰张廖。'生存姓廖'，户籍、兵籍、财产、名号、生辰、结婚属之，'逝世姓张'，神主、墓志、祭祀鬼神属之"。规定张廖氏族人户籍书"廖"，神主牌墓碑则刻"张"。

第二，进一步要求宗族血统纯正。张廖本身就是入赘家庭，但是在孝道伦理的影响下，也规定了本族的血统问题。如第四崁规定"嗣续为女，继绝为先，无男而以女承嗣者，招婿生男，生廖死张固然也。如独生子，则生身之父无归宿，待子生孙，须先继生父，为当务之急，嗣女须书'张廖妈'以叫由来，婿归本姓，例不入张廖之祠，此继绝为人道之始也。"招赘是为了"继绝"，招赘的"嗣女"须书"张廖妈"，而赘婿则归本姓，按例不入张廖之祠。再如第五崁"制无苟恐生戾气，守制中有孕，恐生戾气之儿，乃胎教攸关也。守制前有孕，须求束带以资分别，带以布束腰，布长与枢齐"，对丧礼、孝道进行规定，实际上希望保持本族血缘的纯正。

第三，对"一嗣双祧"的家族历史进行建构。如第三崁曰："得正祀位，犹胜篮轿八台"，该崁具体描述了廖三九郎收廖元子为养子，元子因族人诤讼之事突然逝世，希望其子廖友来"得正祀位"，并向廖姓与张姓家族认祖，最终确定张廖氏的过程。"其子廖友来向母跪曰：'父有遗命，生廖以图报母族，死张以归父宗，子孙光廖者昌、背廖者不祥，存张者宏，忘张者亡。'母告曰：'若迁籍外出，姓廖姓张，自听其便。'……廖友来将其父祖正位，前往廖姓祖祠，但其父母神主皆书张姓，廖族则以篮盛神主，暂挂廊上，善意奉还。廖友来转将神主携往张姓祖祠，并说明原委，张族嘉勉并书'清和衍派，汝水流芳'，并序谱堂号'崇远'，复以祖先所用八抬大轿送回，并勉曰：'生姓廖、死做张，是谓一嗣双祧，宜自立一族，以光张廖门楣，勿负父遗嘱，是为宗旨'。"

第四，对外迁宗族姓氏问题进行规定。如第七崁："迁籍修谱，天下一家，迁籍外出，姓张姓廖，听其自便，然必须修谱，庶几知木之有本，如水之有源，乃序谱之宗旨也，子

① 张廖宗亲会：《云林县廖氏大祖谱》，云林：张廖氏宗亲会，1997年，第51页。

孙分布虽远，序谱一查，天下犹一家焉。”在台湾一些地区，比较传统地恪守了“生廖死张”的规定，而原乡或外迁的一些姓氏可能随着社会情境的变化有所改变。如大陆原乡，初期时实施户口登记时，老年在家的长辈登记“廖”姓，年轻向外谋生的登记“张”姓，读私塾的学子用“廖”姓，读新制学校的则用“张”姓，到最后，使用张姓的人越来越多，而台湾的张廖氏族亲回到原乡探访的时候发现，目前居住在官陂地区的张廖子孙，大部分都改成“单姓—张”，只剩下少数人姓廖。反而是移台开垦的张廖子孙，却遵循了祖训留下的习俗，沿用着“生廖死张”的原则至今。①

五、余论

复姓不但解决血脉继承的问题，也变成新的姓氏产生方式，而随着社会的发展，复姓在宗族社会中还具有族群边界的作用。在台湾，复姓的使用比大陆原乡更为普遍，这与台湾移民社会的特点是分不开的。

台湾直到 19 世纪中叶以后，才从移民社会转变为在地化社会。而在移垦社会之初，台湾社会的婚姻家庭与大陆原乡有许多不同。如开台之初，台湾的自然社会条件都比较差，移民死亡率比较高，而初迁入台者绝大多数为男丁，出现了所谓的“罗汉脚”群体，另外，鳏寡孤独者多，再嫁续弦者众，婚姻家庭经常不是很稳定。

过去客家人对宗族观念，有“同姓即是同宗”的观念，一些家族扩大家族的声势，开始成立宗族作为人群团结的依据，不仅有本族的宗亲会，还设有奉祀开台祖或唐山祖的宗亲组织，甚至开始了多姓的联宗，台湾不仅有张简联宗、张廖联宗，还有张简廖，甚至还出现“王游尤沈”的联宗合谱。这些宗族组织开展的诸如创立宗祠、编修族谱、记录风水传说，乃至成立祭祀公业等，都是为了彰显和凝聚家族力量。

与同联宗过程“相背而驰”，一些复姓不断强调本族姓的“特殊性”，如台湾的廖姓有“单廖”和“双廖（张廖）”之分，游姓则分为清游和王游。另外，除了姓氏叫法不同外，再用一些特征加以区分：以堂号来区分，张氏以“清河”为堂号，张廖则以“清武”为堂号；游姓（清游）以“广平”为堂号；“王游”姓因承琅琊王和广平游两姓宗祧，故堂号各取王氏“太原”和游氏“广平”一字，组成“原平”堂号。另外，在姓氏的书写上，如游姓分“方游”和“才游”，或者俗称的“三方人子游”和“三才人子游”的差别。复姓作为一种象征资本，具有别亲疏远近的作用，族人不断重复家族的特殊历史，可以借此明晰家族的界限，使其成为强化家族意象的关键性符号，从而增强本族的凝聚力，这与多姓联宗有异曲同工之妙。

① 除了以上所举的五炭外还有第二炭的“不食牛犬”，和第六炭的“堂教修谱，敦亲睦族”。见廖丑：《西螺七炭与台湾开拓史》，云林：加隆文具印刷商行，1998 年，第 447-453 页。

同根同源观照下两岸家规家训比较*

尚光一

中华民族自古以来就重视家庭。《礼记·大学》云："古之欲明明德于天下者，先治其国；欲治其国者，先齐其家"，明确指出治国从治家开始。就汉语"国家"一词而言，"国"与"家"也紧密相连，民间历来有"有国才有家，国是千万家，家和万事兴"的观念。可以说，端蒙养、重家教是中华民族自古以来的优良传统，而在实际生活中，往往会通过强调家规家训来涵养家风民风。

家规家训是一个家庭或家族长期以来形成的能影响成员精神、品德及行为的规训，是传统风尚和德行传承的凝练，包含做人做事的原则、礼节、观点等，也是治家教子、修身处世的重要载体和中华民族传统文化的重要内容。追溯历史，家规家训在我国已有三千多年的历史，在我国古代家庭教育的实施过程中占有十分重要的地位。时至今日，《诫子书》《诫外甥书》《颜氏家训》《包拯家训》《诲学说》《袁氏世范》《朱子家训》等家规家训著作依然流传，产生了广泛影响。其中的"非淡泊无以明志""积财千万，不如薄技在身""玉不琢，不成器""一粥一饭，当思来之不易；半丝半缕，恒念物力维艰""宜未雨而绸缪，毋临渴而掘井"等规训，在今天仍然具有深远的家庭教育意义。

两岸同根同源，家规家训自然也有着相同的源流和众多共通的内涵。特别是，闽台之间有着"地缘相近、血缘相亲、文缘相承、商缘相连、法缘相循"的"五缘"关系，家规家训更是一脉相承。就区位来看，台湾东临太平洋，南界巴士海峡，东北与琉球群岛遥相呼应，而与大陆最为接近的地方是福建，最窄处仅 130 千米，因而古代台湾主要通过福建来接受大陆文化。大量的考古资料和文献记载也表明，早在远古时代，台湾的"左镇人"就是从福建通过海退时露出海面的陆桥进入台湾岛。明末至清代，更有大量福建人移居台湾，台湾福建籍人口数量一度曾占台湾总人口的 80%左右。并且，其政治力量、经济文化水平大大超过当时台湾的高山族，因此在很短一段时间内，福建民俗在台湾就占据了主导和主体地位。特别是，由于闽台自然环境十分相似，闽籍移民几乎原封不动地保持着原有的风俗习惯，他们保持着家乡的食、衣、住等生活方式，遵循着家乡的岁时年节习俗，供奉着从家乡带来的神祇，演唱着家乡的音乐戏曲，也恪守着从家乡承继而来的家规家训。据《闽南涉台族谱汇编》（100 册）统计，仅闽南涉台族谱就约有 300 种，篇幅约有 5 万

---

* 基金项目：国家社科基金青年项目"新形势下大陆出版传媒产品入台传播接受机制及策略研究"（项目编号：17CXW003）阶段性成果。

作者简介：尚光一，文学博士，福建师范大学文化产业系副教授。

页，印证了台湾100个大姓由闽南迁入、血脉相连的事实，[①] 因而闽台之间有众多家规家训系出同源、一脉相承。

首先，一些出自《颜氏家训》《包拯家训》《诲学说》《袁氏世范》《朱子家训》等著作的家规家训，在两岸都得到广泛承继。例如，厦门海沧陈氏、张氏、颜氏、周氏先祖迁播台湾后，“父兄不可常依，乡国不可常保，一旦流离，无人庇荫，当自求诸身耳”（《颜氏家训》）等家训随之在台湾后人中得到承继。

其次，历史上一些文学典籍中所提倡的精神，也成为两岸家规家训的来源。例如，台湾板桥林氏是清至民国时期在海峡两岸很有影响力的家族之一，其所秉承的“饮水本思源”家训，就源自北周庾信《徵调曲》中的“落其实者思其树，饮其流者怀其源”。就内涵而言，“饮水本思源”这一家训，包含两个方面的要求，即子弟既应回报家族、光宗耀祖，又应回馈桑梓、造福社会，林家五记商号“饮”记、“水”记、“本”记、“思”记、“源”记的命名也源于此。百余年来，台湾板桥林氏恪守这一家训奋力而为，积极投身于家族慈善、地方公益、社会事务之中，并借助这些活动使家族事业获得进一步发展，从而成为海峡两岸的世家名族，被以“家巨富而义举有难枚数”“可谓富而好礼且好义者也”（《淡水厅志》）等赞誉载入史籍。

再次，古代修身齐家名篇名句被当作家规家训，甚至在台湾被用作广泛宣传的标语，例如，“良言一句三冬暖，恶言一句九秋寒”。尤其是，正如朱熹《家训》所言“子之所贵者，孝也”，提倡孝道的家规家训在两岸民众中被特别强调。例如在福建，琅岐后水何氏祖训第三则即明确指出：“父母莫逆，身从何来”。[②] 台湾家规家训中同样重视提倡孝道，有台湾学者指出“民间百姓多透过家规、家训等家庭教化的方式将具体的孝道观念传递给个人”。[③] 笔者在澎湖就曾看到源自家规家训的格言“人生百善孝为先”“父母恩，天高海深”“尽孝贵有心，行善持以恒”“致礼无亲疏，社会祥和好”等，被用作街头标语进行宣传。

最后，两岸采用同宗同源的家规家训。例如《海沧家训选编》中选编的有关林、陈、李、周等姓氏的家规家训，在2017年6月“第九届海峡论坛·传家训，振家风——两岸宗亲海沧行”系列活动中进行展示，受到来寻访祖地、重温家训的台湾同胞的认可与好评。再如，“念祖追宗、耕读传家、开拓进取、兴家报国”的精神为两岸客家人所共同认同，因而台湾乡间常见“礼义廉耻”“忠孝节义”等匾牌，即是祖训家规同宗同源的明证。又如，福建永定曾发动民众搜集、报送各个姓氏家训和祖训族规，涵盖姓氏族谱、土楼楹联、牌匾题刻、村落童谣、雕刻古迹等，建成了“客家家训馆”。该馆展示有特色家训69篇，以及百家姓前20个姓氏和永定客家族谱中记载的家训，开馆仅半年就吸引了台湾游客1万多人次，这也体现了两岸众多家规家训同宗同源的现实。

① 陈支平主编：《闽南涉台族谱汇编》，福州：福建人民出版社，2014年，第1页。

② 福州琅岐后水何氏祖训三十二则，http：//www.taiwan.cn/zppd/JXJC/200807/t20080718_700372.htm.

③ 叶光辉，杨国枢著：《中国人的孝道：心理学的分析》，台北：台湾大学出版中心，2008年，第177页。

澎湖街头宣传标语

（笔者 2016 年 6 月摄于澎湖）

不过，随着时代的变迁，特别是 1991 年台湾教育主管部门停止《四书》作为中学唯一文化基本教材之后，儒家经典从台湾教育制度中失去独尊的地位，从而间接导致了源于儒家思想的家规教训在年轻世代中的影响力逐渐减弱。调研中发现，当代台湾家训家规出现了一些新的变化。首先，传统儒家思想脉络下的家规家训，在台湾年轻人特别是城市中年轻人中的影响日益减弱。在台湾期间，笔者曾询问淡江大学、“中央”大学、东海大学、世新大学、铭传大学、真理大学等台湾高校在校生，其大都对自己家族的家规家训十分淡漠，只是提到宗族祠堂中应会有宣传。其次，随着“少子化”趋势的蔓延，核心家庭逐渐成为台湾社会的主要单元，传统大家族聚居的生活图景不断解体，因而许多以宗族为基础的家规家训的影响日益减弱，反而核心家庭中各个成员顺应时代潮流所达成的共识，正成为台湾新的家规家训。例如，“爱拼才会赢”等一些流行俗语以及“一定要诚实”等处事准则，正成为台湾新一代父母教育子女应谨守的规训，显示出新时代台湾家规家训正在发生变迁。

然而就长远来看，无论社会如何变化，家规家训对一个家族、一个家庭所起的潜移默化、润物无声的教育作用都不会消退，只不过其形式将随着时代的变化而改变，这在两岸都是如此。特别是，城市化、少子化和核心家庭所勾勒的生活图景，在某种程度上瓦解传统家规家训的同时，也在不断地激活出与时代相契合的家规家训。未来可以预期，在社会文明提升的过程中，家庭长辈的言传身教和良好家风的传承，对两岸青年成才依然有着重要的影响。因而，虽然未来两岸的家规家训的形式都会随着社会演进而发生变化，但家规家训将继续以活力重生的面貌而存在与发展。

文化产业视阈中的大运河文化带妈祖文化创意开发*

尚光一

一般认为，大运河肇始于春秋，完成于隋代，繁荣于唐宋，取直于元代，疏通于明清，断航于清末。① 在当代，大运河是我国目前唯一仍在现实中发挥实际作用的世界文化遗产，其不仅是一条沟通经济、促进发展的宝贵水道，而且是一条历史文化积淀丰厚的文化长廊。有研究认为，大运河文化带覆盖面积为 30.72 万平方千米，覆盖人口 11 672 万，涉及环渤海经济圈、长三角经济圈、淮海经济圈三大经济圈，具有工程性文化、活态性文化、融合性文化的自身文化内涵，对于保护文化遗产、传承中华文明、打造国家文化符号有着重要的价值。② 同时，基于文化产业的视阈进行审视，大运河文化带对于促进文化产业与相关产业融合发展的新模式、优化我国文化产业发展战略布局也有着重要价值。其中，大运河文化带妈祖文化就有着鲜明的创意开发价值，有助于推动大运河文化带品牌建设与国家形象传播。

从宋代妈祖信俗就已经开始随着航运贸易的拓展而开始向外传播，元代时围绕三岔河口（今属天津）的天妃宫甚至形成了一个繁荣的商业区。至明清时期，从东北渤海湾沿岸到西部内陆地区的四川、陕西各省，都出现了妈祖宫庙，而台湾地区的妈祖宫庙更是遍布全岛，形成一条由南向北延伸的妈祖信仰中心线，是我国信奉妈祖最普遍、信徒最多的地区。海外传播方面，日本、越南、泰国等周边华人聚居的国家，都建有用以开展信仰活动的妈祖宫庙。时至今日，妈祖信俗已分布于包括美国纽约、法国巴黎在内的世界各大城市，成为具有国际影响力的民间信仰。2009 年 9 月 30 日，妈祖信俗入选联合国教科文组织《人类非物质文化遗产代表作名录》，成为全人类共同的精神财富。2016 年 3 月 17 日公布的《中华人民共和国国民经济和社会发展第十三个规划纲要》在第五十一章第三节中明确指出，要“发挥妈祖文化等民间文化的积极作用”。③

---

* 基金项目：国家社科基金青年项目“新形势下大陆出版传媒产品入台传播接受机制及策略研究”（17CXW003）阶段性成果。

作者简介：尚光一，文学博士，福建师范大学文化产业系副教授。

① 中国日报：《大运河文化带文化遗产创新创意设计大赛在朝阳启动》［EB/OL］.（2018-07-12）［2019-03-11］. http：//caijing. chinadaily. com. cn/chanye/2018-07/12/content_36562280. htm.

② 徐妤函：《4 年调研与论证大运河文化带调研报告》终发布［EB/OL］.（2017-09-19）［2019-02-10］. https：//www. sohu. com/a/193128298_182272.

③ 《中华人民共和国国民经济和社会发展第十三个五年规划纲要》［EB/OL］.（2018-03-17）［2018-02-10］. http：//www. xinhuanet. com//politics/2016lh/2016-03/17/c_1118366322_14. htm.

一、妈祖文化与大运河文化带的交汇概况

作为海上女神的妈祖与大运河发生深度系联，可追溯到明朝中叶。当时由于实行海禁，“海漕”被改为“河漕”，本来作为海上女神的妈祖由此开始沿京杭大运河进行流播。南起浙江、北到天津的京杭大运河沿岸留下了大量妈祖文化遗存。例如，北京通州的佑民观就供奉妈祖神像，是北京地区唯一能祭拜妈祖的宫庙，至今仍保留着清朝康熙帝手书的“保障漕河”匾额。① 再如，山东台儿庄因京杭大运河也建有妈祖庙。据《峄县志》载，台儿庄古城天后宫在峄县城东南六十里，始建于雍正年间，咸丰三年由福建士商复募重修，故又称福建会馆。史载，天后宫为二进庭院，由正殿、左右厢房、钟楼、鼓楼等建筑构成，木雕精美，彩绘点染，雕梁画栋，金碧辉煌。② 又如，江苏泗阳天后宫是大运河中段上（淮安至泗阳）唯一保存完好的妈祖文化建筑，也是妈祖文化在苏北腹地传播的重要实例。据考证，江苏泗阳天后宫始建于清朝康熙年间，由当时来桃源县（今泗阳县）经商的福建人所建，是闽商洽谈商务的聚会场所。据报道，江苏泗阳天后宫整组建筑原为三进，现存前殿与大殿，院中建有一尊高 9.9 米的石雕妈祖圣像，面朝运河，仿佛踏浪而来，尽显海上女神的端庄肃穆、灵气隽永。③

作为一种有着广泛受众的民间信俗，围绕妈祖信俗的文化活动开展、延伸文化产品开发、文化体验项目打造等，近年来，规模越来越大，逐渐形成了形式多样、具有自身特色的文创业态。因而，妈祖文化创意开发逐渐进入大运河文化带相关政府、社会、企业、民众的视野。例如，2014 年 5 月 20 日，江苏泗阳围绕天后宫建设的泗阳妈祖文化园正式开园，就是大运河文化带妈祖文化创意开发的代表性案例。当地《宿迁日报》评论道：“公园之美可赏，公园之生态可享。这里秀木成林，绿草如茵，清新之气扑鼻而来，这里碧波荡漾，鸟鸣鱼闹，惬意之情醉人心脾，这里游人三五成群，玩要嬉戏，欢愉之情溢于言表。生活在附近的人们，在享受生态美景的同时，收获了清新的空气、洁净的水质和健康的身心。妈祖文化园的建设，不仅为群众增加了休憩场所，也为当地的旅游发展增添了活力”，④也表达了妈祖文化创意开发对于区域文化产业发展的现实价值。

另外，整体就妈祖文化创意开发而言，随着相关信仰活动的活跃、信众人数的增多、民众消费能力的提升，单纯以“香花券”等名义的门票开发模式，已越来越不适应民众的文化消费需要。在这一背景下，结合大运河文化带的情况，对妈祖文化的创意开发策略进行探讨，就成为新的历史条件下建设大运河文化带品牌、传播国家形象的应有之义。

二、大运河文化带妈祖文化创意开发的时代优势

随着经济社会的发展和物质生活水平的提高，民众的文化消费能力不断增强，精神文

① 北京市通州区旅游发展委员：《通州古迹佑民观“体道”一日》［EB/OL］.（2015-08-23）［2019-03-10］. http：//www.tzhly.com/a/youzaitongzhou/yishuyou/2015/0823/220.html.

② 大众网：《因为有京杭大运河，台儿庄古城也有金碧辉煌的妈祖庙》［EB/OL］.（2018-01-23）［2019-03-11］. http：//sd.dzwww.com/sdnews/201801/t20180123_16952186.htm.

③ 朱耀五：《妈祖文化在黄淮运泗交汇地的传播》，《淮海晚报》，2010-1-10（5）.

④ 王晓燕：《一园新绿秀桃源》，《宿迁日报》，2015-05-21（B08）.

明需求成为民众生活的重要组成部分，并呈现出多层次、多形式、多样化的特点，而涉及传统民间信俗的文化活动、文化产品、文化体验项目也越来越多。可以说，传统民间信俗已不仅是人们寻求心灵栖居的载体，也成为带动经济发展的一种珍贵的资源，并且通过与文化产业融合而活化为当下社会生活和文化消费的构成部分。同时，进入新时代，国家战略层面高度重视文化产业发展，“成为国民经济支柱性产业”被定为“十三五”期间文化产业的奋斗目标。①

同时，对大运河文化带自身建设而言，深入挖掘其中的文化内涵是关键步骤，正如有论者指出：“大运河曾经是沟通我国北方政治中心与南方经济中心的通道，是连接海上丝绸之路与陆上丝绸之路的纽带，是当代复兴中华优秀传统文化的重要切入点。”② 因而，无论是推进运河文化旅游业，还是开发大运河相关文创产品，探讨妈祖文化的创意开发策略，对大运河文化带自身建设有着可资借鉴的实际价值。

三、大运河文化带妈祖文化创意开发的宏观理念

近年来，文化产业实践经验证明，在文化意蕴深厚、同时存在多种文化资源的地区，将具有比较优势的文化资源作为核心的文创业态进行重点打造，使其成为带动整个地区文化资源创意开发的“增长极”，并通过该业态的“极化效应”，辐射相对弱势的文创业态，有利于使当地的各类文创业态形成共生共振，从而在当地构建出协同发展的文创业态圈。鉴于此，传统民间信俗的创意开发要秉持综合开发理念，打破孤立思维，努力实现相关文化业态的共振对接。

毋庸讳言，近年来，在传统民间信俗创意开发过程中，确实出现了一些颇具争议的话题。例如，少林寺过度商业化一度引发热议，“少林欢喜地”网店的开业、定价 9 900 元的《少林武功医宗秘笈》由中华书局出版等热点，被媒体广泛讨论。在这一背景下，有一些观点对传统民间信俗是否应该创意开发提出质疑。然而，传统民间信俗作为一种文化现象，其天然具有文创业态开发的潜质。事实上，从古到今，与传统民间信俗有关的香烛、鲜花、宗教器具、经书等文化产品的消费、流通一直存在并延续，并形成了相对稳定的文化市场。之所以当下存在争议，恰恰不是传统民间信俗应不应该创意开发的问题，而是如何扭转过于依靠“高价门票”“天价香烛”等低层次文创业态的现象、促进传统民间信俗文创业态健康发展的问题。因此，就传统民间信俗创意开发理念而言，首要之处在于摒弃“卖票收费”“香烛盈利”的思路和粗犷式文化资源开发模式，而应注重激发多样文创业态的生成、延伸，并使传统民间信俗创意开发融入区域文化产业的发展进程与格局之中，通过“搭车借力”实现共生共赢，为传统民间信俗创意开发的长期、可持续创意开发积蓄充沛的源头活水。

具体就大运河文化带妈祖文化创意开发而言，一方面要努力使妈祖文化相关业态与大运河文化带文化产业开发格局相融通。例如，以江苏为例，就微观环境而言，妈祖文化的

---

① 《中华人民共和国国民经济和社会发展第十三个五年规划纲要》[EB/OL].（2016-3-17）[2018-11-10]. http://www.gov.cn/xinwen/2016-03/17/content_5054992.htm.

② 贺云翱：《充分认知大运河文化带建设的重大意》，《新华日报》，2017-8-30（13）.

创意开发应基于“精彩江苏”文化旅游品牌战略的客观基础，主动链接江苏“运河11城”开发运河文化旅游业的过程，搭车借力，将妈祖文化创意开发植入“运河文化旅游集聚区”等文化产业项目之中，营造“你中有我，我中有你”的创意开发态势。另一方面，就外围对接而言，妈祖文化创意开发也要积极融入国家“一带一路”建设、长江经济带战略、京津冀协同发展战略、江淮生态大走廊战略等不同层级的发展战略之中，使妈祖文化创意开发成为相关发展战略中文化发展的有机组成部分，成为区域文化内涵发掘与品牌意蕴塑造的重要举措。可以说，秉持业态共振对接的综合开发理念，对于妈祖文化创意开发有着深远的意义。因而，在妈祖文化创意开发过程中，应打破封闭思维和路径依赖，秉持业态共振、外围对接的理念来综合推进妈祖文化创意开发，实现妈祖文化的可持续、融入式创意开发。

四、大运河文化带妈祖文化创意开发的举措构想

传统民间信俗创意开发终究需要落到具体的文创项目、文化产品以及商业模式之上。对大运河文化带妈祖文化创意开发而言，在其创意开发的过程中，具体举措上应打破“单兵作战”“孤立评判”的束缚，综合考量产品开发形态、盈利标准判定、体验模块植入等，不断创新创意开发模式。

首先，要发掘提炼大运河文化带妈祖文化的文化意蕴，在此基础上开发多类型、多形态、具有市场吸引力的特色创意产品。特别是，基于大运河文化带所蕴含的历史文化元素，妈祖形象天然具有开发为创意产品的潜质，因而今后要在产品形态上大胆创意、不断拓展。例如，可基于大运河沿岸的景色风俗，将萌化的妈祖形象作为IP创意源头，延伸开发出手办、文具等系列特色文化创意产品，引发青少年消费群体的兴趣，为大运河文化带妈祖文化创意开发的持久性奠定前期基础。

其次，要借势宣传、借台唱戏，将有关妈祖文化的相关产品、项目、元素等，植入大运河文化带已有的文化产业发展体系之中，成为其有机组成部分，实现“你中有我、我中有你、和谐共生、共同提升”的整体开发效果。值得注意的是，妈祖文化是否得到有效开发，往往并非局限于妈祖文创项目本身是否盈利的判定，而应结合大运河文化带相关文化产业发展体系进行整体考量。例如，单独一个妈祖文化园，本身盈利概率可能并不高，但如将其与“精彩江苏”文化旅游品牌战略相关项目进行捆绑、成为所植入项目中的一个组成节点，以增强整个项目的内容丰富度、体验差异性与地域文化吸引力，使相关项目的整体收益得到扩大，反过来也会使妈祖文化园因所植入项目带来的输血功能而获得延续与发展。因而，在推进妈祖文化创意开发的过程中，应避免将妈祖文化创意开发看作是与大运河文化带文化产业发展体系割裂的独立部分，而应在已有基础上，因地借势，顺势而为，将妈祖文化的相关元素融入其中，在与大运河文化带其他文化元素相辉映、相配合过程中，反过来提升妈祖文化创意开发的实际效益，实现妈祖文创项目的自力更生与共生发展。

最后，在推进妈祖文化创意开发的过程中，要有意识地在产业链条中充分植入体验性模块，并通过提升具体模块的互动性，来激发妈祖文创项目收益的延伸效应。实践证明，基于传统民间信俗的创意开发项目，如单纯依靠场景展示和遗址游览，往往前景黯淡，而多点多态地融入互动体验模块是破解这一瓶颈的关键举措。特别是，就大运河文化带的旅

游业态而言，在将妈祖文化与运河文化旅游业结合的过程中，为避免“走马观花，到此一游”的浅层旅游消费模式，就要积极彰显妈祖文化所蕴含的文化元素，而要做到这一点，就要在产业链的各个环节植入多种形态、多种类型的互动性体验模块，来打破游客与妈祖文化之间的隔阂，从而进一步激发游客的旅游消费的潜力。例如，在妈祖文化的创意开发过程中，可将划桨、撒网、启帆、小吃等运河旅游体验项目与妈祖文化内涵相勾连，通过场景再现、VR/AR/MA 技术植入等方式，使妈祖文化体验融入当地旅游项目的体验模块之中，从而满足游客多层次的旅游体验需求。再如，在游客参与制作“萌化妈祖手办”等体验活动中，对其制作的妈祖文创产品，可通过加盖大运河文化带纪念 Logo 等方式，将妈祖文创纪念品返售给游客来进一步扩大项目收益。

四、结论

综上所述，大运河文化带妈祖文化有着鲜明的创意开发价值，有助于推动大运河文化带品牌建设与国家形象传播。无论从国家战略层面来看，还是就对大运河文化带自身建设而言，妈祖文化创意开发都有着鲜明的时代优势。今后，为推进大运河文化带妈祖文化创意开发，在宏观理念上，要秉持综合开发理念，打破孤立思维，秉持业态共振、外围对接的理念来综合推进，实现大运河文化带妈祖文化创意开发的可持续、融入式发展。在具体举措上，要打破“单兵作战”“孤立评判”的束缚，综合考量产品开发形态、盈利标准判定、体验模块植入等，不断创新创意开发模式。首先，要发掘提炼大运河文化带妈祖文化的意蕴，在此基础上开发多类型、多形态、具有市场吸引力的特色创意产品。其次，要借势宣传、借台唱戏，将相关产品、项目、元素等植入大运河文化带已有的文化产业发展体系之中，实现“你中有我、我中有你、和谐共生、共同提升”的整体开发效果。最后，要通过提升具体模块的互动性，激发出大运河文化带妈祖文创项目收益的延伸效应。

基于闽台区域特色的文化产业管理专业（两岸合作）品牌建设思考*

尚光一

进入新时代，我国在国家战略层面更为重视文化产业的发展，《中华人民共和国国民经济和社会发展第十三个五年规划纲要》中将“成为国民经济支柱性产业”定为文化产业的发展目标。[①] 党的十九大报告更是明确指出，在新时代，要“健全现代文化产业体系和市场体系，创新生产经营机制，完善文化经济政策，培育新型文化业态”。[②] 不过，对文化产业的未来发展而言，推动其快速发展的最重要因素已不是资本和制造力，而是将文化创意运营为具体文化项目的专业人才。国际上文化产业发达的城市中，文化产业从业人员占就业总人口的比重，纽约为12%，伦敦为14%，东京则达15%。[③] 而以福建文化产业最为发达的厦门市为例，据一项调查统计，厦门市文化产业全部人才只有56200人，[④] 并且多数居于文化产业链中的生产环节，运营环节的文化产业管理人才十分稀少，已成为影响当地文化产业长远发展的“短板”。

文化产业管理人才匮乏的现象，导致文化产业项目运营缺乏稳定的人才支撑。在这种情况下，如果在课程建设与人才培养上不能及时明晰定位、提升水平，不能在管理人才培养上给予文化产业以强有力的支撑，将会严重滞后我国文化产业未来的发展。鉴于此，基于闽台区域特色先行先试，开办文化产业管理专业（两岸合作），有利于在较短时间内形成文化产业管理专业品牌，打造出具有鲜明特色和差异化培养风格的专业建设模式，从而为我国文化产业项目运营提供更充分的高素质人才支撑。

因而，近年来，福建积极通过推动两岸合作项目来打造地域特色高等教育品牌。两岸合作项目是以引进、借鉴台湾先进办学理念和优质教育资源为重点，以师生双向交流、教学科研双向合作为主要内容，不断优化人才培养模式的办学项目。在这一背景下，2014年7月，文化产业管理专业（两岸合作）在福建师范大学首批招生，目前已有两届毕业生，培养效果良好。其中，2018年，第一届两岸合作项目毕业46人，毕业生就业率100%，其

---

* 基金项目：国家社科基金青年项目“新形势下大陆出版传媒产品入台传播接受机制及策略研究”（17CXW003）阶段性成果。

作者简介：尚光一，文学博士，福建师范大学文化产业系副教授。

① 《中华人民共和国国民经济和社会发展第十三个五年规划纲要》，见 http://www.gov.cn/xinwen/2016-03/17/content_5054992.htm，2016-03-17/2018-2-10。

② 习近平：《决胜全面建成小康社会，夺取新时代中国特色社会主义伟大胜利——在中国共产党第十九次全国代表大会上的报告》，北京：人民出版社，2017年，第44页。

③ 李宇红，赵晶媛：《文化创意的人文理论和产业研究》，北京：中国物资出版社，2010年，第86页。

④ 林起：《厦门文化改革发展蓝皮书》，厦门：厦门大学出版社，2012年，第172页。

中升学22人（国内14人，境外8人），升学率47.82%，签约39人，签约率84.78%，就业效果优异。2019年，第二届两岸合作项目毕业63人。截至2019年5月1日，升学（含出国出境）17人，已就业4人，整体就业形势良好。

一、文化产业管理专业（两岸合作）的属性定位

根据教育部发布的《普通高等学校本科专业目录（2012）》，文化产业管理专业，被界定为“1202 工商管理类”下的“120210 文化产业管理”。[①] 根据该目录，文化产业管理专业不仅可以授予管理学学位，同时可以授予艺术学学位。在近年来的培养实践中，由于文化产业管理专业的教学内容涵盖范围较广，不同高校将其划归不同院系管理，例如山东大学划归历史文化学院、中国海洋大学划归文学与新闻传播学院、上海交通大学划归媒体与设计学院、中国传媒大学划归媒体管理学院，山东大学划归历史文化学院，等等。不过，由于实践中对文化产业管理专业的属性与边界未能进行清晰定位，许多高校在人才培养方面目标模糊、课程设置不合理、教学效果评估体系缺失，所培养的人才未能满足文化产业实践的需要。

而对台湾高校而言，为与经济发展需要相适应，其更早重视高校文化产业专业的建设，例如，早在2001年，高雄应用科技大学就开设了文化事业发展系。经初步统计，截至目前，台湾地区已有台湾大学、台湾师范大学、淡江大学、世新大学等46所大学开设了文化产业管理专业或相关学程，屏东教育大学、佛光大学、康宁大学等高校则直接设置了单独的“文化创意系”。并且，基于“创意学群”的理念，台湾高校也开设了众多从事文化产业研究生教育的系所、硕博班，把分布在各个院系的相关学科进行整合，形成了“学士—硕士—博士”的文化产业完整教育体系。不过，台湾高校在文化产业管理专业的定位方面同样不明晰，专业名称五花八门，包含艺术、经营、政策、资产、设计等各类词汇，更为缺乏规范性与统一性。例如，台湾艺术大学命名为“艺术文化政策管理”、台北教育大学命名为“文化创意产业经营”、台湾中原大学命名为“文化创意设计”、台北艺术大学命名为“艺术行政与管理”、云林科技大学命名为“文化资产维护”，等等。

鉴于此，文化产业管理专业（两岸合作）在建设时，首先对专业定位进行了清晰界定，即文化产业管理专业（两岸合作）是培养策划、运作与管理文化项目的文化产业运营人才的专业，其专业属性决定其不是培训文化产业实践中可能用到的各式各样的具体技能，而是重在培养经营管理文化项目的运营理念和实际能力。这一属性定位，始终在文化产业管理专业（两岸合作）中得到贯彻与体现。

二、文化产业管理专业（两岸合作）的培养目标

对文化产业管理专业（两岸合作）而言，其培养的文化产业管理人才应具备何种能力特质，教学应如何与文化产业实践无缝对接、推动文化产业纵深发展，这是专业建设时需要思考的关键问题。

① 教育部：《普通高等学校本科专业目录（2012）》，见 http：//www.moe.edu.cn/publicfiles/business/htmlfiles/moe/s3882/201210/143152.html，2012-09-14/2017-10-10。

根据业界实践的总结，一般将文化产业领域的人才分为创意原创者、文化产品制造者和文化项目经营者三大类。首先是创意原创者，其是文化创意内容的最初生产者，一般包括艺术创作人员（作家、画家、编剧、词曲家、摄影家等）和设计策划人员（艺术设计师、工业设计师、软件开发工程师、建筑设计师等），其以“理念服务”为定位、以“开发技能”为方式，为文化产业提供有价值的内容，位于文化产业链条的“上游”，但此类人才在某种程度上依赖于其自身的天赋，只能诱导激活，难以批量培养。其次是文化产品制造者，其是对原始创意进行加工和再创造、使其以最适合市场的形式表现出来的人员，例如编辑、导演、影视演员、动画制作人员、工艺美术师、舞台美术师、软件编程师、剪辑师等。此类人才属于完成文化产品的生产人员，也是目前国内高校培养最多的文化产业人才。最后是文化项目经营者，其是对市场需求进行调查和预测，对文化产品生产过程进行协调，对文化产品设计、生产、销售的各个环节进行策划、运作、管理的人才，例如，文化经纪人、文化项目经理人、文化中介人、制片人、文化评估师、文化产品营销人员等。文化项目经营者是最终将原始创意变为市场回报的人才，因而在能力素质上其应通晓文化产业的规律，明晰文化项目的文化属性与市场属性，擅长根据文化产品的特点进行经营管理。

调研发现，文化项目经营管理人才，是当前文化产业实践中最为亟须而又十分稀缺的人才，只有培养一大批文化项目经营管理人才来给予文化产业持续支持，才能促进我国文化产业未来优化升级和纵深发展。而且，2018 年 1 月，教育部正式发布了《普通高等学校本科专业类教学质量国家标准》，该标准是我国向全国、全世界发布的第一个高等教育教学质量国家标准，其中明确要求文化产业管理专业应遵循“工商管理类教学质量国家标准”。因此，文化产业管理专业本质上应以培养具有优秀文化项目经营管理能力的人才作为自身特色与目标。然而，在前期文化产业管理本科专业的开办过程中，大陆高校在具体教学过程中时常要么偏重开设创意原创的课程、要么偏重开设文化素养提升的课程，导致文化产业管理专业的培养目标不断游离，往往难以培养出符合专业培养目标的人才。

鉴于此，文化产业管理专业（两岸合作）努力优化课程体系与明晰人才类型定位。培养过程中，一方面要适当进行高端原创能力的引导与激发；另一方面则要重点突出对经营管理文化项目能力的培养，明确文化产业管理专业（两岸合作）的培养目标为培养优秀的文化项目经营管理人才。可以说，借鉴台湾在文创运营实践教育方面的经验，以两岸合作方式开展文化产业管理人才的联合培养，是培养优秀文化产业管理人才的一条便捷途径，值得积极尝试与认真实践。

三、文化产业管理专业（两岸合作）的教学特质

就两岸文化产业管理专业的教学模式而言，双方各有特点，具有鲜明的互补性。以闽台对比为例，福建各高校一般将文化产业管理人才培养划归具体的院系负责，例如，福建师范大学将其划入文学院、福建农林大学和仰恩大学将其划入管理学院、闽南师范大学将其划入商学院。台湾则主要采用学程制，即学生按照文化产业管理类学程的要求，跨专业、跨院系上课，修满学分后即可毕业，例如，台中教育大学有文化创意产业发展学程、开南大学有创意产业与数位整合学程、辅仁大学有艺术与文化创意学程。就培养模块而言，台

湾高校的文化产业管理类学程往往涉及文化、经济、创意三个模块的学分，例如，台湾师范大学的文化创意产业学程由文学院、艺术学院、理学院共同承担教学任务，涉及营销管理、文化创意、艺术智慧几大主要课程。

在具体课程设置上，两岸也各有侧重。以闽台对比为例，福建高校更强调经济类、管理类课程的比例，例如，福建农林大学、福州大学阳光学院将文化经济学、文化产业管理概论、管理学原理作为主打课程；福建师范大学以文化经纪人、文化产业经营案例、文化资源学作为重点课程。台湾高校则比福建高校开设了更多创意类课程，例如，文化创意概论、创意设计理论与实务、美学与创意、传统与创意等，更侧重为毕业生奠定人文素养基础。同时，台湾高校比较重视具体业态的运营实践，例如，台湾世新大学整合相关系所的课程，设置了餐旅经营管理组、旅游暨休闲事业管理组、观光规划暨资源管理组等课程组。

鉴于此，为实现文化产业管理人才培养的跨越式发展，开办文化产业管理专业（两岸合作）是一个便捷抓手，有利于在较短时间内形成优秀师资梯队和教育品牌，打造出具有自身特色和差异化培养风格的文化产业管理专业。因而，文化产业管理专业（两岸合作）致力于深化教学优势互补，从而构建实践模块突出与文化素养涵育并重的文化产业管理专业课程体系，彰显自身教学特色。

四、文化产业管理专业（两岸合作）的实践效果

2014 年，福建师范大学文学院与台湾淡江大学文学院联合开办了首个文化产业管理专业（两岸合作）并正式招生，具有开创性和示范性，是文化产业管理专业开展两岸交流合作的实验田。具体运作中，文化产业管理专业（两岸合作）充分整合台湾淡江大学已有的品牌学程——文化创意产业学程，实现了双方教师教学资源优势有机互补，办学特色鲜明。课程建设方面，台湾淡江大学文化创意产业学分学程的专业课程不低于三分之一，台湾教师承担的专业课不少于四分之一；双方互相选派专业教师进行教学、科研、交流等活动；双方共同负责文化产业管理专业（两岸合作）学生的教育管理、教学安排和生活服务等。台湾淡江大学出具学生在台课程学习的成绩证明，由福建师范大学承认学生在台湾淡江大学学习的学分。学生修完规定学分后，由福建师范大学颁发学历和学位证书。通过引进台湾优质教师教学资源，相对于非两岸合作项目，对学生的培养有着明显优势，毕业生综合素质显著提升，专业建设成效明显。

首先，文化产业管理专业（两岸合作）利用台湾高校学程制的灵活性，有效地实现了复合型人才培养，毕业生的研究潜力和能力素养受到国内外众多知名高校认可，深造人数远超非两岸合作项目。

闽台在文化产业管理专业建设方面，各具优势。一方面，近年来，福建立足自身的自然资源禀赋和经济发展情况，政策上高度重视文化产业管理专业的建设，已初步形成了文化产业管理专业的高等教育体系。另一方面，相比福建，为与社会发展需要相适应，台湾更早重视高校文化产业类专业的建设，许多教育理念与培养举措值得借鉴与引进。文化产业管理专业（两岸合作）的合作方台湾淡江大学文学院整合了自身的创意汉学、文化观览、创新出版、影视娱乐及数位内容等领域的教师教学资源，并基于“创意学群”的理念与关联学院合作，联合打造了教学品牌——文化创意产业学程，在台湾地区声誉出众，树立了

满足文化产业发展所需的复合型人才培养品牌。

众所周知，文化产业不同于传统产业，其兼具文化与产业双重特性，因而文化产业项目运营管理人才天然也应是复合型人才，应具备多学科的课程学习背景。文化产业管理专业（两岸合作）自开展以来，就凭借台方“文化创意产业学程”的聚合效应，整合了台方文学、历史学、传播学、经济学、管理学、艺术学等多学科课程资源和优秀师资，通过必修、选修与项目拓展训练等，拓展了学生的知识纬度，深化了学生对文化业态的理解，使学生更为适应文化产业领域对复合型管理人才的要求。同时，学生开阔的眼界、多学科课程选修背景以及学程制下跨领域研究作业的训练，也为学生进一步深造储蓄了更为充沛的潜力、提供了更多的可延展性。由此可见，文化产业管理专业（两岸合作）毕业生的发展潜力，受到了国内外众多知名高校的认可。例如，与之前非两岸合作项目每届仅有少数毕业生应届考研成功的情形不同，文化产业管理专业（两岸合作）第一届毕业生（2014 级），有近半数被录取为硕士研究生，在国内外进一步深造，其中包括伦敦大学、曼彻斯特大学、墨尔本大学等国际知名学府和中国海洋大学、上海交通大学、中国传媒大学、华东师范大学等国内 985 高校；文化产业管理专业（两岸合作）第二届毕业生（2015 级），截至 2019 年 5 月 1 日，已有 17 人被录取为硕士研究生，在国内外进一步深造，其中包括山东大学、东南大学、苏州大学、华东政法大学等国内重点大学和新西兰奥克兰大学、英国诺丁汉大学、英国曼彻斯特大学等国外世界前 100 强大学，这些数据清晰地显示出通过利用台湾学程制的优势，文化产业管理专业（两岸合作）较好地实现了复合型人才培养的目标。

其次，文化产业管理专业（两岸合作）利用台湾高校培养机制对实践能力的重视，有效彰显了应用型专业特质，毕业生的专业体认与实践能力得到明显提升，整体就业质量优于非两岸合作项目。

文化产业管理专业（两岸合作）在推进闽台双方教学资源有效对接与互补过程中，充分利用台湾高校课程体系和课程模块对实践能力的重视，努力打破传统教学模式对偏重理论传授的教学路径的依赖，推动台方构筑基于台湾文化市场调研分析的课程体系，在培养过程中嫁接并深化创意策划、文化品牌经营与全球行销、新媒体资讯传播等实践教学模块，强化学生对文化业态和文化市场的体认，确保对学生实践能力的体系化培养。具体而言，首先，充分发挥台湾动漫交流促进会、台湾印刻文学生活志、淡江影像艺术工坊、创意数位媒体教学实习中心等台方实习实践基地的功能，并配备师资指导学生开展相关实践活动。例如，在教师指导下，学生在台期间全面负责“文化创意中的两岸风景——两岸文创论坛”等活动的策划、组织、接待、主持、宣传等全流程工作，为学生提供了充分的锻炼机会。其次，在台期间组织学生广泛开展业界参访活动。例如，学生在台期间，由台方编定参访日程，带领学生参访了三峡染工坊、松山文创园区、华山 1914 创意文化园区、淡水老街、文讯杂志社、纪州庵文学森林、艋舺龙山文创 B2 区、剥皮寮历史街区、新富町文化市场等众多文创单位，增强了学生对专业的体认。最后，在台期间专门为学生设置“编辑出版”等专项兴趣培养方向。例如，由淡江大学出版中心具体承接，文化产业管理专业（两岸合作）每届学生在台期间都全面参与涵盖选题、编辑、摄影、美编、排版、封面设计在内的全部编辑出版流程的实践活动，并将实践活动成果正式出版。其中，文化产业管理专业（两岸合作）第一届学生的编辑出版实践成果《大三那年，我在台湾》，2017 年由淡江大学出版中心正式出版，并受到《泉州晚报》等媒体的报道；文化产业管理专业（两岸合作）第二届学生的编辑出版实践成果《梧叶食单》，2018 年也由淡江大学出版中心正式出版；文化产业管理专业（两岸合作）第三届学生的编辑出版实践成果《遇见》，也即将于今年正式出版。此外，文化产业管理专业（两岸合作）学生在台期间，还与台湾同学合作创办了校园刊物《淡丸》，并负责日常编辑工作，该刊物在校园传阅中得到了师生好评。总之，台湾高校培养机制中的实践能力培养模块，能够与我方侧重系统文化理论讲授的相关培养模块有机结合，从而实现“文化理论+创意实践+管理规划+市场分析”的能力培养目标，有效彰显文化产业管理专业的应用型专业特质。

另外，利用台湾高校培养机制对实践能力的重视，也使得文化产业管理专业（两岸合作）学生在锻炼中成长、在实践中成才，整体就业质量明显优于非两岸合作项目。调查显示，相对于非两岸合作项目，文化产业管理专业（两岸合作）学生的沟通合作、宣传表达、管理协调、学习创新等综合素质与能力都得到了更好地锻炼与提升。例如，文化产业管理专业（两岸合作）已就业的毕业生，在北京市通州区人民政府、三明市国税局、中国工商银行、字节跳动传媒公司、福州市东方百货公司、福建二建集团等单位大都从事运营策划、文案创意、媒介推广等工作，实际能力得到了用人单位的认可与好评。

最后，文化产业管理专业（两岸合作）利用台湾专家资源，不断完善“海峡文创精英大讲堂”等品牌活动，进一步丰富了学生对专业知识的了解，相较于非两岸合作项目，文化产业管理专业（两岸合作）学生能更为便利地接触台湾专家以及经由台湾专家引荐的境外学者，具有了更多的未来发展可能。

在常规教学的同时，利用引入台湾专家资源的便利，文化产业管理专业（两岸合作）积极引进台湾业内翘楚、学界俊彦，为学生开设学术报告、进行交流分享等，帮助学生形成更为开阔的视野，并进一步提升了学生的专业认知。例如，2017 年 5 月、2018 年 5 月、2019 年 5 月，分别举办了第一届、第二届、第三届“文化创意中的两岸风景——两岸文创论坛”，以学术论坛的形式集中为学生提供了解本专业前沿动态以及与专家面对面交流的机会。同时，文化产业管理专业（两岸合作）持续完善品牌教学活动“海峡文创精英大讲堂”，每学期安排多位台湾专家为学生开设专题讲座或课程，作为常规教学的有益补充。截至目前，“海峡文创精英大讲堂”已开设了《从 0 到 1：文化创意产业的新创事业发展模式》《文化元素在台湾如何转化为一个创意产业》《台湾文化创意产业发展现况暨两岸文创产业竞合》等几十场次的学术活动。相较于非两岸合作项目，凭借“海峡文创精英大讲堂”等活动的持续举办和不断完善，文化产业管理专业（两岸合作）学生能更为便利地接触台湾专家以及经由台湾专家引荐的境外学者，从而为学生提供更开阔的专业认知视角，使学生具有了更多的发展可能，有效地增强了学生未来的职业竞争力。

五、结论

基于闽台区域特色先行先试，开办文化产业管理专业（两岸合作），有利于在较短时间内形成文化产业管理专业品牌，打造出具有鲜明特色和差异化培养风格的专业建设模式，从而为我国文化产业项目运营提供更充分的高素质人才支撑。可以说，借鉴台湾在文创运营实践教育方面的经验，以两岸合作方式开展文化产业管理人才的联合培养，是培养优秀文化产业管理人才的一条便捷途径，值得积极尝试与认真实践。就属性定位而言，文化产业管理专业（两岸合作）是培养策划、运作与管理文化项目的文化产业运营人才的专业，其专业属性决定其不是培训文化产业实践中可能用到的各式各样的具体技能，而是重在培养经营管理文化项目的运营理念与实际能力。就培养目标而言，文化产业管理专业（两岸合作）的培养目标为培养优秀的文化项目经营管理人才。就教学特质而言，文化产业管理专业（两岸合作）致力于深化教学优势互补，从而构建实践模块突出与文化素养涵育并重的文化产业管理专业课程体系，彰显自身教学特色。就实践效果而言，首个文化产业管理专业（两岸合作）成效明显。首先，文化产业管理专业（两岸合作）利用台湾高校学程制的灵活性，有效实现了复合型人才培养，毕业生的研究潜力和能力素养受到国内外众多知名高校认可，深造人数远超非两岸合作项目。其次，文化产业管理专业（两岸合作）利用台湾高校培养机制对实践能力的重视，有效地彰显了应用型专业特质，毕业生的专业体认与实践能力得到明显提升，整体就业质量优于非两岸合作项目。最后，文化产业管理专业（两岸合作）利用台湾专家资源，不断完善“海峡文创精英大讲堂”等品牌活动，进一步丰富了学生对专业知识的了解，相较于非两岸合作项目，文化产业管理专业（两岸合作）学生能更为便利地接触台湾专家以及经由台湾专家引荐的境外学者，具有了更多的未来发展可能。